时间里的爱与忧伤

火养 —— 著

海天出版社
·深圳·

图书在版编目（CIP）数据

时间里的爱与忧伤 / 火养著. — 深圳：海天出版社，2018.5（2022.4重印）
ISBN 978-7-5507-2343-6

Ⅰ. ①时… Ⅱ. ①火… Ⅲ. ①爱情－通俗读物 Ⅳ. ①C913.1-49

中国版本图书馆CIP数据核字（2018）第035988号

时间里的爱与忧伤
SHIJIAN LI DE AI YU YOUSHANG

出 品 人	聂雄前
责任编辑	刘秋香　张绪华
责任校对	叶　果
责任技编	蔡梅琴
装帧设计	知行格致
插　　图	邓　瑜

出版发行	海天出版社
地　　址	深圳市彩田南路海天综合大厦7-8层（518033）
网　　址	http://www.htph.com.cn
订购电话	0755-83460239（邮购、团购）
设计制作	深圳市知行格致文化传播有限公司
印　　刷	深圳市希望印务有限公司
开　　本	889mm×1194mm 1/32
印　　张	9
字　　数	170千字
版　　次	2018年5月第1版
印　　次	2022年4月第5次
定　　价	39.80元

版权所有，侵权必究。
凡有印装质量问题，请随时同承印厂联系调换。

自序 × 时间里的爱与忧伤

1

为什么要写爱?

因为爱就是我活在这个世界的意义。

高中的时候,我住校。一个月回家一次,每次回家再回到学校,总会沉默一阵。宿舍的同学也是。有一次,同学罗兵问,在家感受到压力了没?大家都"嗯"了一声。

是爱的压力。每次看着父母辛苦干活,而自己在学校悠哉上课,就有一种无形的压力。虽然他们什么都没说。但那种爱会让你觉得自己不应该那么贪玩,应该用相应的成绩回报他们。

后来我养成了一个习惯。

在城市觉得烦,工作压力大,生活不顺畅的时候,就喜欢回村里。回到父母身边住两三天,其实没有什么具体的事。我只是从日夜劳作的他们身上,看到一种力量。我也喜欢坐在故乡的山头,看着绵延的大山,长久地思考,或者放空自己。再回到自己所生活的城市时,感觉又满血复活了。

我一直不明白自己为什么会这样。我努力上学就是为了逃离农村,逃离乡村生活。但逃离久了之后,却又会回头去看那些岁月。

父母依然是在村里劳作,也从没要求我成为什么样的人。甚至不知道我在外面具体做什么。但我总是能够从他们那里得到源源不断的动力。这种动力来自爱。我知道他们在看着我。走在这人潮汹涌的都市,和独坐在故乡的山头面对天空一样,我在想着是什么能够让我在这个世上走下去。

是爱。聂鲁达在他的自传《我坦言我曾历尽沧桑》里说:"我认为自己生下来不是为了谴责,而是为了爱。"所以,我会用大部分的精力去写爱。

2

为什么是忧伤?

忧伤的本质是时间，是我们永远永远也回不去的时间。

重看张爱玲的《半生缘》，看到第一段就喜欢："他和曼桢认识，已经是多年前的事了。算起来倒已有十四年了——真吓人一跳！马上使他连带地觉得自己老了许多。日子过得真快，尤其对于中年以后的人，十年八年都好像是指顾间的事。可是对于年轻人，三年五载就可以是一生一世。他和曼桢从认识到分手，不过几年的工夫，这几年里面却经过这么许多事情，仿佛把生老病死一切的哀乐都经历到了。"

对于现在的我来说，时间真的过得飞快。眨眼一年就过，转眼十年就没了，转眼孩子就长大了。

一次，一位十年前在东北认识的朋友过来广州，我们一起吃饭。两人聊了两个小时，聊一起工作过的岁月。他下午又匆忙赶往机场，去他现在生活的城市。

回来的路上，看着街上人来人往，一种莫名的忧伤蔓延。但此刻谁又懂得你的忧伤？

十四年后，世钧和曼桢相遇。是这样的场景。"她一直知道的。是她说的，他们回不去了。他现在才明白为什么今天老是那么迷惘，他是在跟时间挣扎。从前最后一次见面，至少是突如其来的，没有诀别。今天从这里走出去，却是诀别了,清清楚楚,就跟死了一样。"

我们没有诀别,就算我们回不去了,但至少可以用文字、用回忆、用想念来触摸到以前的岁月。朋友说,要不我们真找个时间,一起回去看看吧,四个人都集中到那个我们曾待过的地方。

处于我这个年龄,写回忆还早,写青春已过,忧伤恰恰能够表达现在的生活和心情。它是一种带着积极意味的情绪,告诉你要前进,也提醒你回望过去。告诉你走过了哪些路,也告诉你应该更从容。

在未来无限的时间里,忧伤伴随,直抵内心。

3

我一直说自己是睡在时间里的人。对时间可能会比很多人稍微敏感一点。

我想这个世界无论怎样变化,男人和女人、爱情和婚姻的核心都不会变。爱情的世界里无所谓进步和退步,爱情这一领域,科学也好,文明也好,都难以介入,男人女人以其本来面目相互接触、相互试探、相互爱恋,世代如此。

我的文章里,不会有道德的评判,只有人性本身的需求。

没有完美的爱情，只有岁月里的一抹亮色。

安娜说，有多少人就有多少种爱情；曼桢说，世钧，我要你知道，这世界上有一个人是永远等着你的，不管是什么时候，不管在什么地方，反正你知道，总有这么个人；久木（《失乐园》主人公）说，无论什么样的爱，只要一结婚，陷入了日常生活，便马上会流于惰性，逐渐消磨下去——即便和凛子的惊心动魄的爱也在所难免。

懂得克制，懂得欣赏，也懂得慈悲。这是我写作的态度。

第一辑
喜欢就是放肆,爱就是克制

喜欢就是放肆,爱就是克制 / 002
你还会写一封动人的情书吗? / 010
爱,就请深爱 / 017
你有过相亲经历吗?反正我有过 / 022
爱情最好的阶段就是,刚刚喜欢你 / 028
中年女人的爱情 / 034
爱而不得的心情 / 043

第二辑

时间才是爱情的敌人，空间不是

时间才是爱情的敌人，空间不是 / 052
你的定情信物还在吗？ / 057
流水它带走光阴的故事，改变了我们 / 062
同心锁都被时间腐蚀了，你们的爱情还在吗？ / 069
亲爱的，多想让你重新追我一次 / 074
请和我谈一场不赶时间的恋爱 / 080
我曾拥有过你的哭泣 / 086

第三辑

夫妻之间没有伟人，也没有美人

夫妻之间没有伟人，也没有美人 / 092
婚姻里不需要一个无比正确的人 / 097
在日渐消磨的爱情里，寻找一起过下去的意义 / 103
从无话不说到相顾无言，中国式婚姻困局 / 108
结婚十年 / 114
婚姻外的爱情，责任胜利 / 122
婚姻里最美的话是：我支持你 / 129
"高考结束了，你把离婚协议签了吧" / 135
努力的女人，自带光芒 / 142

第四辑

有趣的灵魂相遇，终究勇敢

有趣的灵魂相遇，终究勇敢 / 152

《我的前半生》：三十三岁的女人最怕的不是失婚，而是失业 / 159
《大话西游》：你和最爱的人在一起了吗？ / 165
《长腿叔叔》：我读过的最美的爱情 / 172
《爱经》：两千多年前的"泡妞手册" / 182
《斯通纳》：中年人的爱情 / 190
《呼啸山庄》：爱却不能在一起，你是我灵魂的伴侣 / 197
《爱情与夏天》：错误的爱情，但还是义无反顾 / 203
《今生今世》：张爱玲为什么会爱上胡兰成？ / 214
《小王子》：爱就是建立某种联系 / 227
世界很喧嚣，还好我有时间去阅读 / 232

第五辑
时间流逝，你的少年心还在吗？

时间流逝，你的少年心还在吗？ / 240
隐藏在时间里，像一片树叶隐藏在森林 / 246
这座两百多人的乡村，时间只是经过 / 251
我们相隔的不仅是时间，还有渐行渐远的价值观 / 257
愿你每次都有时间，好好告别 / 262

后记
睡在时间里的人 / 269

第一辑

喜欢就是放肆,爱就是克制

> 真的爱你,就是克制自己。
> 这种克制是:低入尘埃,
> 只希望你好。

喜欢就是放肆，爱就是克制

1

看韩寒导演的电影《后会无期》，里面有句台词让我印象深刻：喜欢就是放肆，爱就是克制。如果真爱过，应该懂得这句话的含义。

真的爱你，就是克制自己。这种克制是：低入尘埃，只希望你好。

想起了杜拉斯的《广岛之恋》。故事的女主人公"她"去日本拍摄电影，遇见了"他"。她在法国有家庭，而他在日本也是。两个人就这么相遇相爱。相处那短短的几天，相互之间把一生的故事和回忆都交代清楚了。但最后比的还是谁更克制。

重读陀思妥耶夫斯基的《罪与罚》，里面有一个人物让我印象深刻。就是一开始让罗佳（拉斯科利尼科夫）的妹妹杜妮亚失去工作的斯维德里盖洛夫。

斯维德里盖洛夫那时候是杜妮亚的雇主,爱慕她,并且向她表达爱意。这刚好被斯维德里盖洛夫的夫人发现了,她认为杜妮亚勾引自己的丈夫,于是把杜妮亚开除了。后来杜妮亚和母亲到圣彼得堡找罗佳,此时的罗佳因为杀了人一直生活在惶恐之中。斯维德里盖洛夫也来到了圣彼得堡,他的夫人死了,他继承了一大笔钱,不愁吃穿。他在圣彼得堡找到了杜妮亚一家人。这时候他知道了罗佳曾经杀过人的事实,并以此来威胁杜妮亚。

他让杜妮亚单独来找他,并且在自己房间里威胁她说,只要屈从于他,他就不会向警方告发罗佳。他威胁杜妮亚道:"你,只要您一句话,他就得救了!我来救他。我有钱,也有朋友。我立刻送他走,我去弄护照,我们可以一起走,我无限爱你。让我吻一吻你的衣服的边吧,你只要对我说:去做那件事,我就去做。我什么都会去做。就连不可能的事情都会去做。"

杜妮亚并没有被他的语言迷惑,执意要走。这时她才发现门被反锁了,钥匙也没了。杜妮亚大声叫道:"你这是强奸!"但斯维德里盖洛夫说:"我已经采取了措施,你想要找的人都不会在这边。我力气比你大一倍,此外我也不用害怕,你不会去控告我的,你不会出卖令兄的吧。而且你怎么解释现在单独和一个男人待在一起?"

一切都在斯维德里盖洛夫的掌控之中，杜妮亚就是他的囊中之物，无论她愿不愿意，只要他想他就可以在这一刻得到她。而且不会有任何风险，因为他吃准了她不会去告发他。

不过斯维德里盖洛夫并没有这么做。他走到杜妮亚跟前，用一只手轻轻地搂住她的腰。她没有反抗，但全身像片树叶簌簌发抖。

"你让我走吧！"杜妮亚恳求说。

"那么你不爱我？"他轻轻地问。

杜妮亚摇摇头，表示拒绝。

"也不会爱我？永远不会？"

"永远不会！"杜妮亚低声回答。

斯维德里盖洛夫心里发生了一场短暂的、无言的激烈斗争。最后他对杜妮亚说："你走吧，你赶快走。"

杜妮亚走了。其实小说前面还写了很多斯维德里盖洛夫以前是怎么追求女人的故事，只要他看上的，几乎没有失手，因为他有钱，又很有技巧和能力。这次他用这种极端的方式，把杜妮亚关在自己的房间里，他本可以轻易得到她，但是他放弃了，因为他真的爱杜妮亚。

后来，他开枪自杀了。

2

真的爱你,爱到甚至不敢见你,就如玛格丽特不敢见阿尔芒,因为害怕一相见,以前所有的坚强都沦陷。

年少的时候读《茶花女》,以为是阿尔芒更爱玛格丽特,毕竟阿尔芒追她追了很久,而且阿尔芒没嫌弃玛格丽特青楼女子的身份,她去世后,阿尔芒也哭得稀里哗啦。

但后来重读,才发现原来玛格丽特更爱阿尔芒。因为她为了这份爱,做了最大的克制。

他们两个人相爱的过程和普通恋人一样。阿尔芒追求玛格丽特,玛格丽特当时是有名的交际花,但两个人还是迅速相爱了。

"我们相爱,其余的对我们又算什么?"阿尔芒说。

"我这么爱你,连我自己都以为办不到。我们会很幸福,过着平静的生活,我要永远告别现在令我脸红的那种生活,你也永远不会责怪我的过去,对不对?"玛格丽特说。

两个人商量好在巴黎租一套小房子,住在一起过简单的生活。玛格丽特也甩掉了一直养着她的公爵,并且说,他们不需要他的钱。"我的幸福就是追求虚荣吗?殊不知,人毫无爱情的时候,就满足于虚荣,一旦有了爱,虚荣就变得一文不值了。"玛格丽特要开始新的生活了。"你能独立,我有自由,我们又都年轻,看在上天的分儿上,阿尔芒,不要再把我投入从前的生活,那种活法是迫不得已的啊。"

像任何一对向往着美好生活的热恋情侣一样,只要能够在一起,蜗居也好,粗茶淡饭也罢,都是幸福。因为两个人可以一起努力奋斗,家可以一点点地垒起来。

两人选好自己要租的房子,无忧无虑,畅想着自己的爱情,展望一片光辉灿烂的未来。

阿尔芒为了爱情不惜和父亲对抗,他向父亲说道:"这种爱情,非但不能把我引上邪路,反而会激发我身上的高尚的情感。真正的爱情总能让人变得更好,不管这种爱是什么女人引发的。"

看劝阻自己的儿子无效,阿尔芒的父亲绕过阿尔芒见了一次玛格丽特。没多久,玛格丽特就极力劝说阿尔芒再去见他父亲,但回来之后,玛格丽特离开了阿尔芒。

阿尔芒疯狂地寻找玛格丽特,但玛格丽特就是拒绝见他。

阿尔芒看见一辆豪华马车,玛格丽特就在车上。她重新做了别人的情妇,并且通过朋友给阿尔芒留信道:"等您看到这封信时,阿尔芒,我已经成为另一个男人的情妇了。我们二人之间的一切都完结了。回到您父亲的身边吧,我的朋友,去看望您的妹妹吧,她是贞洁的少女,没有遭受过我们这些女人的种种不幸,而您在她的身边很快就会忘记,那个名叫玛格丽特的失足姑娘给您造成的苦恼。您一时动情爱过她,也多亏了您,她才得以享受这一生仅有的幸福时光;而现在她希望这一生不会长久了。"

阿尔芒觉得自己要疯了,只能回到旅馆寻找父亲,答应跟父亲回家。但是在家里,阿尔芒依然忘不了玛格丽特。一个月过去了,他只能忍受这么久。最后他还是回到巴黎,想着见玛格丽特。

但当看到玛格丽特坐着豪华马车冷冷对他,阿尔芒便认为,玛格丽特和其他青楼女子一样,她无论爱得多深,还是抵御不了重过昔日生活的欲望,也抵御不了拥有一辆马车和豪华宴会的诱惑。于是他决定报复,花钱买当时最红火的青楼女子奥兰普做情妇,只要有玛格丽特出席的宴会,他就带着买来的女伴一起出席。到头来,玛格丽特只要有奥兰普参加的舞会就不去。阿尔芒用尽一切卑劣的手段来羞辱玛格丽特,但玛格丽特一直在隐忍。

两人后来还在一起待过一个短暂的夜晚,阿尔芒以为一切都可以回到从前,但玛格丽特还是离开了他,去了英国。而他也失去了报复的欲望,各处游历。等他游历回来,听到的却是玛格丽特的死讯。病魔一直在折磨她,而她最最开心的岁月就是和阿尔芒相处的那段日子。

玛格丽特在给他的信中写道:"愿您幸福,毕竟我一生仅有的快乐时光是您给的。"

3

她在留给阿尔芒的信中,告诉了他当年为什么会不告而别,为什么会选择用那样的方式来让阿尔芒断绝念想。

阿尔芒的父亲当年找到她,给了她一个最最厉害的杀手锏:阿尔芒的妹妹订婚没多久,她婆家听闻阿尔芒在巴黎和一个青楼女子在一起,就明确向阿尔芒的父亲表示,如果阿尔芒还继续那样生活下去,他们就要退婚。

阿尔芒的父亲恳求玛格丽特:"一个从未伤害过您的姑娘,她有权指望的未来就掌握在您的手中。您有权利、有勇气毁掉她的未来吗?看在您的爱情的分上,玛格丽特,把我女儿的幸福给我吧。"

玛格丽特答应他离开阿尔芒。玛格丽特最后请求道:"先生,请吻我一下吧,就像吻您女儿那样,我向您发誓,这一吻是我所接受的唯一真正圣洁的吻,将给我力量对抗我的爱情,不出一周,您的儿子就将回到您身边;他也许会痛苦一段时间,但是会永远死了这份心。"

玛格丽特让阿尔芒死心的方法就是迅速接受了那个追自己很久的伯爵,做了他的情妇。她很爱很爱阿尔芒,但她必须克制自己,因为这涉及他妹妹的幸福。如果仅仅是爱情本身,不涉及背后的家人,大概她可以比阿尔芒勇敢,但现在,她需要比阿尔芒更克制,还得忍受他的羞辱和报复。

女人就是这样。相爱的时候,可以更勇敢;思念的时候,可以更浓郁;相处的时候,可以更柔情;成全的时候,可以更克制。

你还会写一封动人的情书吗？

1

> 无论是谁，在恋爱中都不同于以往。如果没有别人，他们只是同一个人。
>
> ——费尔南多·佩索阿《恋爱中的牧羊人》

所有恋爱中的人都是诗人，这时候哪能不写情书呢？

王小波曾写给李银河："我和你分别以后才明白，原来我对你爱恋的过程全是在分别中完成的。就是说，每一次见面之后，你给我的印象都使我在余下的日子里用我这愚笨的头脑可能想到的一切称呼来呼唤你。比方说，这一次我就老想到：爱，爱呵。你不要见怪：爱，就是你啊。"

小波去世多年，这些情书读起来依然是那么美好。

"我对好多人怀有最深的感情，尤其是对你。""说真的，我喜欢你的热情，你可以温暖我。我很讨厌我自己不温不凉的思虑过度，也许我是个坏人，不过只要你吻我一下，就会变好吧。"

爱情可能会随着时间而改变，但情书不会。请用一封情书纪念我们的爱情，在情书里记录彼此最美丽的样子。

对呀，在我的情书里，你多么美好。既然未来有漫长的发现彼此缺点的日子，为什么不在恋爱时，用优美的句子来记录这些优点呢？

2

情书不一定都是情话。问一句，你吃了吗？其实是说，我想你了。问候一句，早安啊！其实是说，我挂念着你。如果不挂念，谁会无缘无故整天发信息给你？所有的爱都是从日常的问候开始的呀。

不是所有的爱情都需要情意绵绵的情话，只是想让我的身影时刻围绕着你。

小龙女受了重伤，杨过和她在重阳宫拜堂成亲后回到古墓。杨过拿出古墓派创始人林朝英的那套新娘装束，给小龙女穿上。无意中也发现了当年王重阳写给林朝英的信。两个人在好奇心的驱使下，读了当年两大武林绝世高手的情书。

"杨过拿起第一封信,抽出一看,念道:'英妹如见:前日我师与鞑子于恶波冈交锋,中伏小败,折兵四百……'一路读下去,均是义军和金兵交战的军情。杨过连读几封,信中说的都是兵鼓金革之事,没一句涉及儿女私情。

"杨过叹道:'这位重阳祖师固然是男儿汉大丈夫,一心只以军国为重,但寡情如此,无怪令祖师婆婆心冷了。'小龙女道:'不!祖师婆婆收到这些信时很是欢喜的。'杨过奇道:'你怎么知道?'小龙女道:'我自然不知,只是将心比心来推测罢了。你瞧每一封信中所述军情都是十分的艰难紧急,但重阳祖师在如此困厄之中,仍不忘给祖师婆婆写信,你说是不是心中对她念念不忘?'杨过点头道:'不错,果真如此。'"

还是不谙世事的小龙女更懂得男女之情。军情紧急还不忘写信,能有比这更深沉的爱吗?王重阳和林朝英最后没在一起,但这些不算情书的"情书"也算给这份爱情留下了浓重的一笔。

我很忙,但对你永远都有时间。那一刻,我很想你,于是就给你信息。我知道你不一定看,或者很久才看,我只是想让你知道,此刻有一个人在想你。

就算在开会也会发几句信息给你,就算在飞机起飞前也会拍张照告诉你,就算在赶往下一个目的地的高速路上也会发条语音告诉你,就算在拥挤的地铁里也会腾出手来问候你。

因为爱你呀,时刻想关注你,你不用回复,我就那样告诉你我在做什么。因为爱你呀,所以你不在身边的时间,都在思念你。

3

情书是两个人的蜜语和暗号。

我该如何称呼你?第一封的时候,礼称先生、小姐,到后来熟悉了,小兔子、小猴子、宝贝等都来了。

鲁迅写给许广平的两地书,前面的信件都是称呼为广平兄,还特意解释了一遍称呼为兄的含义。"这回要先讲兄字的讲义了。这是我自己制定,沿用下来的例子,就是:旧日或者近来所识的朋友,旧同学而至今还在来往的,直接听讲的学生,写信的时候,我都称为兄。其余较为生疏,较需客气的,我就称先生,老爷,太太,少爷,小姐之类。总之我这兄字的意思,不过比直呼其名略胜一筹,并不如许叔重先生所说,真含有'老哥'的意义。"

因为在乎,连称呼都解释了半天。而越到后来称呼越发亲昵,"乖姑""小刺猬"等爱称也来了,鲁迅自称"小白象",最后每封信背后的落款都是"你的小白象",这和金刚怒目的鲁迅多不搭呀,这还是那位深刻、冷峻、不宽恕任何一个人的鲁迅吗?

"我在船上时,看见后面有一只轮船,总是不远不近地走着,我疑心是广大。不知你在船中,可看见前面有一只船否?倘看见,那我所悬拟的便不错了。"

我在船上要走远了,后面有一艘船,我幻想着你在那艘船上,这样你就不会离我太远。不在身边的时间,都是思念呀。而思念就须用一封封情书来表达。

4

我不要思念你,我要紧挨着你。

——王海桑《我是你流浪过的一个地方》

诗人、歌手钟立风写他和一个留学千叶的女孩子的故事。来往的信件,都是随意写一写彼此最近生活的点滴碎片。虽然没在一起,但彼此似乎都参与了对方的生活。在每一次季节转换时,她都寄来不同色彩的风景照。偶尔她会用轻快的口吻跟他聊聊已经"化险为夷的不幸遭遇",比如,打工时手不小心被划破了,血流不止。她轻描淡写讲着这些,仿佛说凡事都要自己去经历一下,又好像心有委屈,想得到一点他的安慰、支持和夸赞,毕竟一个女孩子只身一人在异国他乡。

漫长告别之后，终于相聚了。她听到了《一个人去千叶》，没有歌词，但她觉得所有千叶的往事和记忆都在这首歌里。最后也没说他和千叶女孩是否在一起，但那种相互倾诉的思念，给人无限的想象。

年少时期这些来往的信件，哪能都有结局呢？但没有这些信件来往，或者没有写情书的对象，会不会有点遗憾？

"我的快乐即是爱你，我的安慰即是思念你。你愿不愿待我好，则非我所愿计及。"朱生豪对宋清如说，"醒来觉得甚是爱你。"这个最会说情话的人写出了最动人的情书。

朱生豪在之江大学最后一年与宋清如相识，毕业后，二人相恋，通信近十年，至1942年，两人终结为伴侣。朱生豪一直坚持翻译莎士比亚的剧作。"他译莎，我烧饭。"宋清如说。这样的生活没有持续多久，1944年12月26日，朱生豪因肺结核等多症并发撒手人寰，留下孤儿寡母及未竟的译莎事业。这一年，宋清如才33岁，稚子出生才13个月。他们的夫妻生活只维持了两年。

近年，他们之间往来的情书结集出版了，越来越多的人认识到，这位翻译莎翁的巨擘，原来有着这么深情的一面。"不要以为我不想你了，没有一刻我不想你。假使世界上谁都不喜欢你了，我仍然是喜欢你的。""多雨而凄凉的天气，心理上感到有些空虚的压迫，我真想扑在你的怀里，求你给我一些无言的安慰。"

生命消逝,情书永恒。

"爱情终是一件肤浅之事,它能够抵达的,孤独也能,它能够销毁的,时间也能。"(诗人余秀华)但爱情终究有孤独、时间不能做到的,譬如情书,情书里记录了那么多美好的感情。

在感情最炽热的时候,我们为何不去表达呢?你还是那个会写情书的少年吗?

爱，就请深爱

1

当有人炫耀自己有多少次爱情经历、有过多少女人或者男人的时候，我心里并不羡慕。那么多次爱情，你深爱过吗？如果没有深爱过，有再多次，又有什么意义？

奥地利作家茨威格说："他们玩弄爱情，就像玩弄一个玩具，他们夸耀爱情，就像男孩子夸耀他们抽了第一支香烟。"（《一个陌生女人的来信》）当一个人夸耀他有过多少次爱情的时候，他的心应该是坚硬的吧，因为柔软的心，能够装下一个人就不错了，怎会有那么多爱的存在。

奥地利心理学家阿德勒说："有人无法只爱一个人，他们必须得同时爱着两个人。只有这样才能让他们感到自由，他们可以从一个身边逃到另一个那里去，完全不用承担完整的爱情责任。两个都爱，等于谁都不爱。"（《自卑与超越》）

爱着太多人，往往是谁都不爱，只是最爱他自己，爱情是排他性的。爱太多的人，往往会让自己爱的触角一点点消磨，你会发现，对谁都难以全心全意，导致不知道如何去爱。

得到太容易，所以往往会失去真心。爱，就请深爱。人生里难忘的记忆，肯定是深爱过的时光，绝不是浅尝辄止的暧昧。

三岛由纪夫在他的自传《我青春漫游的时代》里写道："各位读者，即使你们的恋爱经历比同辈逊色得多，也绝不可因此怨恨别人，或者加以效仿。我做个譬喻，那些情场经验丰富的人，如同拥有许多水果，但他们并未尽享其味，顶多只浅尝辄止；而你手上虽然只拥有一个水果，却能充分品尝它真正的味道。因此，与囫囵吞枣的人相比，那些品尝水果滋味的人，其人生要丰饶得多。"

那些深爱过的人，会比谈了无数次恋爱的人幸福。当你觉得自己恋爱经历太少的时候，也别难过，可能一次深爱抵得住所有的爱情，一个对的人会比无数暧昧的人更值得。

2

懂得深爱的人，人生会更圆满。

读茨威格《一个陌生女人的来信》，信里那一句句"亲爱的"，读来让人心酸，但反过来想想，她能够这么深爱，何尝又不是幸福？多少人一生都没体验到那种极致的深爱。"在我的心里你就是——我该怎么对你说呢？任何比喻都不为过分——你就是一切，是我整个生命。"深爱的人，才会去吻他的手摸过的门，或者捡一个他进门之前扔掉的雪茄烟头，这在她心目中是神圣的，因为他的嘴唇在上面接触过。

深爱就如纳博科夫给薇拉的信里写的那样："我的甜心，我的爱，我的爱，我的爱——你是否知道——世界上所有的幸福、财富、权力和冒险活动，所有的宗教承诺，所有的自然魅力，甚至人的名声，都比不上你的两封来信。"所有的所有都比不上一则和你有关的消息。

深爱过才知道，爱情会是什么模样——是在人群里找和他相似的背影；是发着呆突然想起他的脸；是关心他所在城市的天气……深爱过才知道，原来每一个站台的别离拥抱都那么真心，机场比婚礼的殿堂见证了更多真实的吻，离别的泪水从来都抑制不住。

深爱过才知道，有了你以后，仿佛重新过一遍人生。虽然经常因为思念过度而痛哭流涕，但淡淡的忧伤中终究带着几分甜蜜，一切恰到好处。

深爱过才知道，"情人眼里出西施"是一句真理。你觉得自己难看，他却说漂亮。深爱的人都拼命在找彼此的相似点，越找越觉得我们原来这么相似。也不会在乎别人的眼光和评价，因为有了这份深爱，这就足够了，别人都已不重要。

3

曾有读者来信说，总觉得现在的男朋友不够好、不够优秀，总想着会找到更好的，很不想就这么把自己交出去。爱情不咸不淡，可有可无，不曾特别心动。其实这就是一种不甘心，你觉得自己会遇上更好的。这种心态会让自己很烦躁，因为心底那一点点不甘，总会在夜深人静的时候呼唤你：你就这样把自己交出去了吗？你就这样一辈子了吗？你会想着寻找退路，会想着去尝试更多可能性。

阿德勒说："如果一个男人或女人始终保留退路，也就不会全身心投入到责任中去。在其他严肃而重要的人生问题上，我们根本不会加上这类'脱身'条款。"如果你真深爱一个人，哪会有这么多顾虑呢？你唯一想的就是和他在一起，能够幸福。

"爱是永恒的天真／而唯一的天真是不去思考……"葡萄

牙诗人佩索阿的这句诗歌，大概就是深爱的样子吧。深爱应该就是这样，把你内心最最天真的部分引发出来。你在这份爱里，天真，无邪，心安，不用任何的思考，因为你知道他会在。

不管结果如何，刻骨铭心的经历总比平淡的好。就算有过伤心的泪，也总比什么都没有的好。深爱过，才知道原来之前读的诗读的书都可以一一验证；深爱过才知道，原来那些情书不是造作，而是内心真实的袒露；深爱过才知道，原来这世间真有这么美好而疯狂的事情。

如果不曾深爱，你怎么会理解那些分别的痛苦呢。深夜的思念和吞噬了人心般的痛苦，都是在深爱后才知道的。

你有过相亲经历吗？反正我有过

1

只要你是单身，又在一个正规单位工作，身体各方面也都正常，肯定会有热心的同事给你介绍对象的。

我就是这样。当老师第一年，还好，刚毕业，也不认识什么人，一切都还没确定，大家也不知道你是否有女朋友，所以不会有人来给你介绍。到了第二年，同事都知道你是单身了，又是外地人，在这城市工作生活，热心的人士就开始问你是否有兴趣认识某某了。

我第一次被介绍的对象是一位幼师，物理组的一位老师介绍的。他说，这幼师是他老乡，在这城市工作三四年了，一直单身，问我有无兴趣认识下。我想，反正每天下班就打球，也没什么事，见见吧。

在他的安排下，我和她到城市广场逛了一圈，但我发现自己不知道该说什么。大学几年和女生的交流少，工作之后也是整天和男老师打球。我随口问她喜欢读什么书。她说了几本漫画书名，我都没看过。

那天逛完回来，相互要了电话。但我从来没主动打过。

有一次，物理组的老师带着她来我们学校，还去了我宿舍，我那简陋的宿舍，除了书几乎什么都没有。我紧张得不知道说什么好。她说，原来你这里这么多书啊。我说是啊。

物理组的老师不知道什么时候离开了，我们突然陷入了沉默。

她说起自己刚来这座城市的一些故事，说起家里人。我静静听着，没有接话。说完，她问我，你家里呢？我简单说了下。她说，要不你介绍几本书给我看吧。我"嗯"了声，从书架上找了几本给她。

然后就没有了下文，我也没联系过她。大概她也感受到我的冷淡，所以再也没来学校找过我。

2

还有一次，我带的一个班的一个学生突然跟我说，"老师，我给你介绍我姐姐认识吧。她比你小两岁，刚好呢。"

还有学生操心这事？

一个周末,那学生说,"老师,这周末去我家吃饭吧,就当家访了。"我想,既然都是在市区,那就去吧,就去了他家吃饭。他姐姐在家。真如他说的一样,还蛮漂亮的。我以家访的名义去他家,自然说了一些学生的学习情况。学生的父母估计都不知道,这是他儿子带老师过来相亲的。

我离开学生家的时候,他姐姐和我交换了 QQ 号,互相加为好友。在网上聊了几句。一次,她说她生日,和几个朋友在 KTV 唱歌,问我是否有时间过去。我那天刚好没课,便说好啊,就赶了过去。现在我已忘记是否买礼物了。

那次我见到了她很多朋友,都是很早就出来工作的。其中一个男的和我聊了很多,说自己如何努力奋斗,那时候的我,在他看来可能是个未经世事的男孩子吧。总之他说了很多他觉得很牛的事,我听他说,反而没有和学生的姐姐交流几句。后来,他们越来越闹,我就说还要备课,先回去了。

我想这大概不是我想要的生活。所以,我们在 QQ 上也交流得渐渐少了。

很多年后,我离开了那所学校,那座城市,去了其他地方。有一天,那个学生的姐姐突然在 QQ 上问我,你有女朋友了吗?我说没有。她说,你当初为什么离开学校,为什么离开那城市,如果不离开说不定就再去找你了。我说,嗯。

人的命运就是这么奇妙。如果那时候,我接受了一份爱情，可能真的不会离开那所学校，那座城市了。然后一辈子在那儿生活。带着一批又一批学生，可能会发点牢骚，但也平静。

离开了那份稳定的工作，东飘西荡的时候，也不再会有热心人给你介绍对象了，自然就得靠自己去茫茫人海里找。

3

但我在后来的工作中，却遇上过很好玩的相亲事件。

有一次，我所在的单位在深圳世界之窗举办了将近两千人的相亲大会。相亲大会的内容丰富多彩，八分钟面对面介绍、才艺表演、卡片交换、眼神对接……因为人员太多，我们每一个工作人员，都必须穿着统一的服装在现场办公，随时服务这些相亲的人。

作为工作人员，我当然是去干体力活，就是跑腿，某男看中了某女，自己不好意思去传递卡片，那就由工作人员送过去，说这是某个想和你交朋友的男子的卡片，卡片上有个人详细的联系方式，如果对对方有意，就可以私下里联系。

这样的相亲大会上发生过一些很好玩的事。

有个工作人员把一对离婚的夫妇拉到一起了，真神了。

事情是这样的：一个四十岁左右的男子对我们工作人员说，"我想找个四十岁左右的女的，你给我找找看，带来我这边交流交流。"工作人员在近两千人里面找啊找啊，终于找到一个比较适合男子要求的，带到他面前。谁知道，那男人看到那女的后，对工作人员说："对不起，这是我的前妻。"真是让人笑喷！离婚了，本来都想借助这个大会来找找自己新的另一半，没想到两人又被拉到了一起。

还有就是乌龙事件。有一次，有个年纪稍微大一点的女人，把一叠卡片给我说，你给我物色下，只要五十岁左右的男士你就给卡片。我拿着这些卡片去找这个年龄段的人。手上的卡片只剩三张时，看见不远处有个五十岁左右的男子，就把卡片递给他说，有位女士想认识你。他很不好意思地看看我，然后看看身边一位二十多岁的女孩子说："对不起，我是陪女儿来相亲的。"晕倒！

不知道那些相亲的人是否都找到了幸福。每次只要举办相亲会的消息一放出来，报名的人就高达两三千，有很多部门还集体报名。对了，我那时候的单位还举办过集体婚礼，也有很好玩的事情。

有一次，坐我后面的工作人员逐一打电话通知第二天参加集体婚礼的人员需要注意的事项。打到其中一个电话，对方很郁闷地说："对不起，我明天参加不了婚礼了，因为新娘嫌我没钱，跟人家跑了。"我那同事，愣了一下，但很快，她给出了当时可能是满分的答复。她说，这个真有点让人伤心，不过没关系，我们还组织相亲会的，你下次可以免费来参加我们的相亲会。

城市的男男女女，都有很多故事。每一个普通的人，每一份普通的感情，每一个普通的日子，都可能有爱情的发生和消逝。每对普通的男女，都在寻找属于自己的缘分。相亲，也是一种方式。就当见个陌生人，带着点好奇，聊聊天吧。能够遇上一个有趣的人，也说不定。

爱情最好的阶段就是,刚刚喜欢你

1

爱情最美的阶段是什么时候?

应该是刚刚喜欢你,欲言又止,彼此带着好感,又没有说破的时刻。

每天都想找你聊天,每次都想把自己最好的一面展现给你,每时每刻都想知道你在做什么。你身上的一切在对方看来都是美好的。他变着法子来赞美你。因为他刚刚喜欢你。

《半生缘》里世钧和曼桢彼此有好感的时候,是这样的——以前两人经常和叔惠一起出去吃饭,某一天世钧对曼桢的好感开始蔓延,曼桢也在试探着他到底是否喜欢自己。就在这种试探中,世钧突然接到电报说家里有事,要回南京一趟。曼桢去和他告别,然后帮他整理箱子里的衣服。"他坐在旁边,看着他的衬衫、领带和袜子一样一样经过她的手,他有一种异样的感觉。"

然后，世钧从南京回到上海，第一件事是去找曼桢。世钧很早去到曼桢的公司，她还没来上班，他就在工厂外傻等。

"半路上忽然有人在后面喊：'喂！'世钧回头，却是曼桢。她一只手撩着被风吹乱的头发，在清晨的阳光中笑嘻嘻地向这边走来。一看见她，世钧马上觉得心里敞亮起来。"

两人走在路上的时候，世钧说："曼桢，我有话跟你说。"曼桢道："你说呀。"世钧道："我有好些话跟你说。"但他又什么都没说。"这世界上突然照耀着一种光，一切都可以看得特别清晰、确切。他有生以来从来没有像这样觉得心地清楚。好像考试的时候，坐下来一看题目，答案全是他知道的，心里是那样地兴奋，而又感到一种异样的平静。"

大概这就是爱情最美好的时候，刚刚喜欢你。一切都准备往美好的方向开始，一切严峻时刻都没经历。世钧和曼桢最后因为各种缘由错过彼此，但这种刚刚喜欢的感觉真好。你还没有准备好是否接受我的爱意，我只是想着付出就是幸福。你在我眼里没有缺点。你就是我的世界。

2

从刚刚喜欢到热恋，到身体接触，到更深入的了解，就会产生嫉妒、纠缠、占有、控制等心理,然后不断地把矛盾突出,又不断地和解。

鲁迅的小说《伤逝》里的主人公涓生和子君,彼此刚有好感的时候,是这样的:"默默地相视片时之后,破屋里渐渐充满了我的语声,谈家庭专制,谈打破旧习惯,谈男女平等,谈泰戈尔,谈雪莱……她总是微笑点头,两眼里弥漫着稚气的好奇的光泽。"一个博学健谈,一个安静倾听。随着了解不断深入,矛盾也慢慢出来了。"我也渐渐清醒地读遍了她的身体,她的灵魂,不过三星期,我似乎于她已经更加了解。"后来,"子君没有先前那么幽静,善于体贴了,屋子里总是散乱着碗碟,弥漫着煤烟,使人不能安心做事"。而涓生好像也不再像以前那么健谈了,慢慢地封闭了自己。最后不得不以分手收场。

热恋是你想长久占有对方的一切——身体和灵魂,而婚姻是长期柴米油盐的消磨,所以在爱情里,还是刚刚喜欢最美好。

屠格涅夫的小说《阿霞》,主人公在二十五岁那年,在异国他乡遇上了阿霞,两个人相爱了,但主人公始终没向阿霞表白,最后两人分开了。很多年后,主人公回忆:"阿霞在我记忆中依然是个少女,一个在我风华正茂时认识的少女,依然是我最后一次见到的样子,斜靠在低低的木椅椅背上。不过我也应当承认，我并不曾为她而伤感好久；我甚至以为，命运没有让我和阿霞结合，是一个好的安排；我安慰自己，可能和这样一个妻子生活也不见得会美满。那时我还年轻——将来，短暂如流水的将来，对我而言似乎是无限的……我认识了其他一些女人——可被阿霞唤起的那种感觉，那炽热、细腻、深沉的感觉已经不复再来。不！没有一双眼眸可以替代那双曾深情款款望着我的眼睛，没有一颗贴在我胸口的心，使我的心那么快乐，那么甜蜜得发慌！"

那种刚刚喜欢的感觉，只能停留在没有步入婚姻、尚未深入了解的时期。生活在一起后就不见得会那么完美了。这是绝大多数人感情上的悲哀。

3

川端康成的《伊豆的舞女》就是一个唯美的故事。二十岁那年的暑假，"我"来伊豆旅行，肩挎一个学生包，旅行第四天遇上了来伊豆巡回演出的艺人，也就是舞女薰子。为了能够经常看到薰子，"我"时常改变行程，她们去哪里演出，"我"就跟着去哪里旅行。一个晚上，她们给客人表演到深夜，而"我"在隔壁听着，煎熬着。"那舞女今晚会不会被人玷污呢？我关上挡雨板，钻进被窝里，可我的心依然阵阵作痛。"有的时候薰子笑起来像一朵鲜花。"用笑起来像一朵鲜花这句话来形容她，是恰如其分的。"因为有了这种邂逅，"这个小镇子，作为旅途中的故乡，飘荡着一种令人爱恋的气氛"。

一次在乡间小径，"我"加快了步子，特意往前，而舞女独自撩起衣服下摆，匆匆地跟上。她走在身后，保持不到两米的距离。她不想缩短间隔，也不愿拉开距离。"我"回头攀谈，她嫣然一笑。其他人远远落在后面。两个人聊起各自的生活。最后干脆坐下来，静静地什么话也不说，一群小鸟从凳子旁飞起来。这时静得能听见小鸟落在枝头上时枯叶摇动的沙沙声。

这是两个人最亲密也是最近距离的一次接触。很快学生哥要回东京继续学业了。在码头，舞女蹲在岸边的倩影赫然映入"我"的眼帘。我走到她身边，她一动不动，只顾默默地把头耷拉下来。船要动了，舞女依然紧闭双唇，凝视着一个方向。我回过头去，想说再见，可话到嘴边又咽了回去，只是再次深深地点了点头。

对于这两人来说，告别就是永别，一个去继续上学，而一个继续自己的舞女生涯。电影《伊豆的舞女》中，舞女最后被一个醉汉抱着，令人心碎，这个镜头也预示着故事的悲剧性结局。在整个过程中，什么都没有开始就结束了。在

"我"回忆里的是依然清纯含蓄的舞女的身影,"我任凭泪泉涌流,头脑恍如变成一池清水,一滴一滴地溢了出来,后来什么都没留下,顿时我觉得无比舒畅了"。

　　这短暂的邂逅就像日本的樱花一样,短暂的美丽,长久的忧伤。他们还没表白,还没沉溺,还没相守就已经永别了,一切都还没开始,刚喜欢就戛然而止,却保持着爱情最美好的状态。

中年女人的爱情

1

十年前,我在一份女性杂志工作,那时候有情感热线电话,我负责接听过很长一段时间。也给不出什么建议,只是听,对方说完,好像好受很多,说一声谢谢,仅限于此,因为不会有更多的交集。

现在年岁渐长,回想起那些电话的内容,大多是和情感有关,来电者又多是已婚女性。

一次,接到一个女人打来的电话,那个电话打了很久,两个多小时,从她怎么结婚、生孩子,谈到两地分居,然后感情慢慢淡化,再到认识婚外的爱人,两个人各种合拍,在一起两年后,商量各自离婚后在一起。这关键的时刻,婚外认识的爱人的家族知道了这件事,阻挠他离婚。而她不知道该做何选择,那天之所以打电话过来,是因为她感觉自己如果不找地方倾诉,可能会憋屈至死。说好离婚的男人,突然不再理她了，而她突然感到一阵空虚，就算回到现在的家，也很难再有那种感情了。一个什么也抓不住的女人，眼前出现了一片虚幻。

当中年女人遇上爱情，像是一道无解的题，不知道前进一步会是什么，而如果不爱了，难道余生就这样度过？人到中年别说爱情了，温情都不再有。男人总有很多方法去打发自己的时间和精力，如事业、朋友，甚至无数的红颜知己，而女人只有孩子、电视剧和情感上的缺失。

像《雷雨》中的周繁漪遇上周萍，这段不伦之恋，却是她在沉闷的周公馆的慰藉，周萍是她深夜哭泣的安慰，要不她就被活活地憋死在周公馆了。

在得知周萍要离开周公馆后，她请求周萍不要走："既然你知道这家庭可以闷死人，你怎么肯一个人走，把我放在家里？"周萍说："你没有权利说这种话，你是冲弟弟的母亲。"

周繁漪发出了这样的呐喊："我不是！我不是！自从我把我的性命，名誉，交给你，我什么都不顾了。我不是他的母亲。不是，不是，我也不是周朴园的妻子。"周繁漪一再强调自己是女人，她是女人。人到中年，一旦遇上爱情，也许就是天崩地裂，玉石俱焚。

周繁漪说："我已经预备好棺材，安安静静地等死，一个人偏把我救活了又不理我，撇得我枯死，慢慢地渴死。让你说，我该怎么办？"这是多悲哀的一句。人到中年，心已经慢慢地死了，是你唤醒了我，让我发现自己原来还可以再活一次。但你又要抛弃我，我该怎么办？

2

茨威格的小说《一个女人一生中的二十四小时》就是讲一个中年女人的爱情故事。书中的"我"在一次旅行中，遇见了很多人。小说的开头，一个已婚女人抛弃肥胖的丈夫，和一个法国男人跑了，此时两个人认识不到二十四小时。其他游客在讨论这起事件时，大都谴责女人不厚道。

"我"和一位六十七岁的 C 夫人聊天时，这样说道："在这种情况下，我不愿做出判断，也不愿谴责。在您面前，我可以坦率承认，先前我说的话有点儿过火——可怜的亨利埃特夫人肯定不是女英雄，连风流女子都不是。我觉得她不过是一个平凡而软弱的女人，我对她怀有一些敬意，因为她勇敢地顺应了自己的意愿，然而我却更多地为她感到遗憾。她的做法也许很愚蠢，肯定过于轻率，但绝不是卑鄙下流，我始终认为，谁也没有权利鄙视这个可怜的、不幸的女人。"

"我"的这番话，引起了 C 夫人极大的兴趣。两个人讨论了一番。五六天后，C 夫人把一件二十多年来一直在内心折磨和纠缠着她的事说了出来。

3

C夫人出身于富贵家庭,家里拥有很多工厂和出租的田地,年轻的时候嫁了一位名门望族的后代,两个人在社交圈里过着无忧无虑的生活,每年三个月住伦敦,三个月住庄园,其余时间去意大利、西班牙和法国等地旅游。两个人的婚姻从未出现过一丝阴影,两个儿子都已经长大成人。

在她四十岁那年丈夫突然去世。这时候她大儿子在服兵役,小儿子在上大学,一夜之间她就形单影只了。为了排遣无聊,她光顾赌场,但自己不赌,只是喜欢观察各色人等,特别是观察赌徒的手,赌博的时候手将人性展露得更清楚。

C夫人在赌场见到了她从没见过的两只手,那两只手美得简直不可思议,手指细长、白皙,指甲尖修得圆圆的。C夫人被这两只手彻底迷住了。她盯着这双会说话的手,着了魔似的。C夫人由这双手,看至这年轻人的脸蛋。她知道自己被彻底迷住了。

后来年轻人的钱输光了,离开了赌场,C夫人双脚不听使唤地跟着他走了。年轻人几乎把所有钱都输光了,身上那点精神气彻底没了,像一个老人一样摇摇晃晃地走着,而C

夫人一直跟在身后。后来她还是鼓起勇气,和这年轻人说话,年轻人还将她误认为是拉客的女人。年轻人说,他身上没钱,什么都没了。

C夫人说,她有钱,可以给他安排住处。C夫人找到住处后把一沓钱塞给他说,好好睡上一觉,明天就好了。年轻人说不要钱,C夫人要塞给他,在这拉扯之间,这个一半已经沉沦的人,拿出最后的全部激情紧紧抓住了C夫人的手。

二十多年后,C夫人回忆起那一个夜晚:"这样的时刻一个人一生中或许只能经历一次,而能经历一次的,千百万人中又只有一个人——要是没有这次可怕的意外遭遇,我自己恐怕永远也不会想到一个心如死灰、穷途末路之人竟会如此热切,如此忘我,以一种无法遏制的贪婪再次畅饮生命的红色甘醇,我远离生活中的邪魔力量已经二十多年之久了,要是没有那次可怕的意外遭遇,我恐怕永远也不会理解大自然有时竟会在瞬息之间如此绝妙、如此神奇地将冷和热、生和死、心醉神迷和悲观绝望聚集压缩在一起。"

"我觉得这一夜像是过了一千年,我们两人紧紧缠绕在一起,心醉神迷地一起堕入深渊,一个兴奋得死去活来,另一个极乐之中没有了感知,两人从这场致命的狂风暴雨中解脱出来以后都变了。完全变了,思想、感情都不一样了。"

年轻人得救了一样,恢复原来娇嫩、漂亮的模样,而C

夫人觉得自己的付出能够拯救一个悬崖边上的年轻人，也有着深刻的意义，她不再感到羞愧。夜晚的激情过后，白天C夫人好好地端详了这位年轻人，年轻人也把自己来赌博的原因及自己的故事详细地告诉了C夫人。

两个人雇了辆马车，去海边兜风，一路上年轻人都非常绅士地照顾着C夫人。"我一生中曾有过比那个时候更幸福的时刻吗？我不知道。"

回到城市，C夫人为了彻底救助这年轻人，给了他一笔钱，让他乘坐火车马上回老家，别在这个城市待着了，因为待在这里可能又会继续赌博。年轻人也答应了。"他望着我，感动得眼里噙着晶莹的泪水，有一瞬间我以为他要说些什么，有一瞬间他仿佛要靠近我。然而，随后他却突然再次深深地、深深地鞠了一躬，便离开了我的房间。"

4

C夫人回忆起那段相遇，那时候的痛苦还历历在目。"当时我之所以会如此痛苦，其实是因为失望，使我感到失望的是，这位年轻人竟然如此顺从地走了，并没有想抓住我，留在我身边，他竟恭顺而敬重地服从了我要他坐车回家的初愿，他只是把我敬为出现在他生活道路上的圣女，而没有，没有感觉到我是个女人。"

"如果这个人当时把我搂着，当时要求我，我定会跟他走到海角天涯，定会玷污我和孩子的姓氏，我定会不顾人们的非议和自己内心的理智，跟他远走高飞，我一定不会问，到哪儿去，去多久，对于我以前的生活我也不会回头去看一眼，为了这个人，我一定会将我的钱，我的姓氏，我的财产，我的名誉全都牺牲掉，我一定会去乞讨，我定会将人们称之为羞耻和顾虑的一切统统抛掉，他只要说一句，朝我走近一步，他只要试图抓着我，那么，在这一秒钟里我整个儿就是他的了。"这是一个女人遇上爱情后最真实的渴望，只要男人说一句"跟我走"就会义无反顾。

年轻人离开后，C 夫人越想越觉得自己应该和他在一起，就算他乘坐火车要走，也应该和他一起走。她带着行李匆忙赶到火车站，希望能够赶上年轻人乘坐的那趟火车。她甚至幻想着："我送他上火车，等到最后一刻，到最后的瞬间，当他伸手来同我握手告别的时候，我就出其不意地登上列车，走到这位惊诧万状的人跟前，同他共度今宵、明夜——只要他要我，就每夜都同他厮守在一起。"

可惜她错过火车发车时间，她伤心绝望，想要回到与年轻人相识、相处的地方。但当她回到赌场的时候，竟看到年轻人那沉迷赌博的脸，一切都结束了。所有的痛苦和折磨 C 夫人自己承担。"毕竟时间拥有最深远的威力，而年龄则具有一种能使各种情感贬值的特殊力量。"

她听"我"对一个私奔的女人有如此大的同情，自然也鼓足勇气说出了这段尘封二十多年的往事。

"二十四小时完全可能决定一个女人的命运，我感到您是在为我作辩护，我非常感谢您……我能把这一切都讲给您听，于我很有好处：我现在心情轻松，几乎感到很快乐……为此我要感谢您。"

"我"完整地听完了故事，想讲一点自己的感受的时候，老太太马上阻拦说："不，请您不要说什么……感谢您听我讲了自己的遭遇，祝您旅途愉快。"

5

想起自己倾听情感热线的那些日子，对方可能都不知道是什么人在接电话，有些话不能和亲人说，也不会和身边的朋友说，但有些事情不说又觉得难受。

情感热线本身就是一种发泄渠道，她真不知道找谁说，但她又纠结，那天可能是她忍耐的极限，刚好发现了这个热线电话，而我恰巧做了听众，她甚至不知道我的年龄，也不知道我的长相。如果她知道是一个二十多岁的人来接这样的电话，不知道还会不会说那么多。有些故事可能适合永远埋藏在自己心里。两个小时里，我总共说了不到十句话，因为我完全给不出建议，只是希望那一天她得到缓解就好。电话这端的我能感受到她其实是一个很好的人，只是被感情问题困住了。可能有人会说，这是她自找的，安于家庭不就好了。但如果每个人心都能活得那么正确，这世上就不会有包法利夫人、安娜·卡列尼娜，也不会有 C 夫人和那些电话里的故事。

爱而不得的心情

1

我喜欢欧阳修的《生查子·元夕》:"去年元夜时,花市灯如昼。月上柳梢头,人约黄昏后。今年元夜时,月与灯依旧。不见去年人,泪满春衫袖。"这首词表达的意思其实是,爱过一生无缘的人。

曾经在黄昏相约,但后来分开了,月灯依旧,去年一起看花灯的人却不知何处了。一个"满"字,将物是人非、旧情难续的感伤表现得很充分。就如崔护那句著名的"人面不知何处去,桃花依旧笑春风",也如那一句"当时明月在,曾照彩云归"。

爱过无缘的人,应该会懂这种害怕过节的感受。因为过节了,你知道他在,但不能和他在一起。你知道他会和谁在一起,但你也只能独自悲伤。看着热热闹闹的人,会想着也许安静的只有自己吧。

每逢佳节更伤心。

一个朋友说，春节期间，真是折磨人，因为他不能给她发信息。和那男人相爱了五年，但还是因不可抗拒的因素而分手了。年前见过一次，两人眼神对视的时候，知道彼此还没彻底了断。但又如何呢？因为他不可能和她在一起，而她也知道。

现在，她发现自己不愿看到情侣了，在地铁里看到一对十指紧扣的恋人，心里酸酸的。说不渴望爱，那是骗人的，毕竟是个女人，有时候内心那种强烈的孤独感，让人崩溃。但是现在又能怎样呢，擦擦眼泪，继续往前吧。

她说，真不知道爱过好还是没爱过好。这样生生地受折磨，还不如从来没有过。"那些共度的美好时光，跟她恋情失败后所经历的痛苦比起来却根本算不上什么——得不偿失啊。"这是丽姿·塔西露在《其实你没那么爱他》中写的一句话。

但当爱真来临的时候，你哪会管这么多呢？你明知道不能在一起，也如飞蛾扑火一样。你明知道他其实并不勇敢，但你希望你的爱能勇敢。你明知道他并不值得你付出那么多，但你还是不知不觉就付出了。

2

《其实你没那么爱他》中主人公朱莉到全球各国采访单身女性,她在纽约有一大批单身的女性朋友,而她自己三十八岁了,单身。她并不是独身主义者,只是在寻找或者说等待爱情,等待那个适合的男人。

走了那么多国家,每个国家的单身女性各不相同,单身的理由也不相同。但很多人却有一个共同点:爱过无缘的人。朱莉自己也是。在法国遇上了托马斯,他做她的向导,给她介绍单身女性采访,也带她领略法国各种风景。托马斯当然魅力无限,但她知道自己不会爱上他,就算托马斯带她去他自己开的那家情侣酒吧,看餐馆里那些情侣怎么约会。托马斯给了些暗示,她都很巧妙地掩饰过去。

因为托马斯已婚,而她只是来工作的。"我望着托马斯,我决定当场爱上他,不是真正意义上的爱,更像是'只因我人在巴黎,你又帅又聪明又会生活又会爱'的那种喜欢。他结婚了,所以我永远不会跟他上床,但他绝对是我喜欢的类型,'这是有趣的想法'是我唯一的答复。"

她离开法国时,和托马斯也只是普通朋友关系。但一次在东京飞往巴厘岛的飞机上,朱莉突然呼吸急促、沉重,跑到厕所里呕吐。下了飞机,在机场,她在茫茫人海中突然看到了他,托马斯。

当一个人在最脆弱的时候,遇上了一个自己还带着好感、带着爱慕的男人,无论这个男人是否已婚,她都知道自己内心已经难以抗拒了,因为这是缘分。她写道:"在人的一生中,有时会有这样的时刻,数载时光在你的漫不经心中一晃而过,在糟糕的环境里,如果你挣扎不息,保持着乐观心态,有时候上天会回报你,哪怕只是对你艰难生活的小小奖励。生活的美好会让你浅尝辄止,而你永远不知道这种美好会持续多久,但你不在乎,因为此时此刻,你跌进了蜜罐,一刻也不想离开。"

她和托马斯在巴厘岛一起度过了最美好的八天。"我开始意识到,单身的时候可能只是习惯了这种亲密感的缺失。无论如何,我想说,那一周对我而言,我尝到的幸福感让我此生无憾。"

后来两个人又一起到了北京。两个人一起游览故宫的时候,托马斯的妻子追来了北京,因为这次托马斯离家的时间太长了。"朱莉,我很爱你,我希望你知道我的心意。"这是托马斯对她的坦白,但是他还是要回到他法国的生活中去。他幽默睿智、性格温和、长相帅气,所有这些优点集于一身。但他却不属于她。

她离开北京,他回到法国。她几乎是一路哭着到了印度做下一个采访。在寻找单身女性的时候,她发现自己原来也和她们一样，爱着无缘的人。因为长时间单身，她都怀疑自己能否去爱了，但这次长时间的采访后，她开始懂得去爱。

3

托马斯和朱莉至少在一起过，虽然无缘，但也有着美好的十多天。

重读《平凡的世界》，里面最让我悲伤的不是孙少平和田晓霞的爱情，虽然他们的结局也很悲惨，田晓霞在做洪灾新闻报道过程中为救落水的小孩而牺牲，成了孙少平永远的悲痛。但他们毕竟爱过，在一起过。

最让人悲伤的是孙少平的好朋友金波和那位藏族姑娘的爱情。金波从青海当兵复员回来了，听说是被劝退的，接了他父亲的班，干着最辛苦的活，但也任劳任怨。只是当兵回来后，他好像把自己封闭了。每天下班后，他首先做的第一件事，就是用那只白搪瓷缸子泡上一缸茶水静静地坐着喝。

这样持续了三年多。又一年春天来了，季节的变化影响着人的心情。看着如烟似雾的柳丝和灿烂的桃花时，一种无限的忧伤涌上金波的心头，他想叹息，想歌唱，想流泪，尤其想和一个人谈谈他有过的幸与不幸。

他第一个想到的是孙少平，因为这是他从年少到现在最好的朋友。一次，少平回来，两个人终于见面了，他们在黄原河边走着，金波给少平讲了那个埋藏在心底三年多的故事。

那年当兵离开家乡，第一次去到大草原，金波进了文工团，在茫茫的草原上，居民很少，他们部队驻地旁边有一个军马场。马群像一朵朵云彩向茫茫的草原上奔去，像梦境一般。每天日落的时候，马群又从地平线那边漫过来。金波为这短暂而美妙的景象着迷。

每天傍晚，金波就立在营房旁的屋脊后面，观看日落，这成了他的一个保留节目。不知道哪一天，从那远方归来的马群中，突然传来了一个女孩子的歌声。她正用藏语唱《在那遥远的地方》。

那歌声一下子就把金波迷住了，他从来没听过一个人能把歌唱得这么嘹亮而美妙。这是一种完全野性的声音。此后，这歌声就没中断过。金波很想去接近这唱歌的姑娘，但是部队有着很严格的纪律，不能随便走出营房。

金波想到了一个接近这女孩子的方法。每天当她用藏语在远处唱完那首《在那遥远的地方》时，金波就站在营房后面的高处用汉语唱一遍这首歌，就这样，她唱完，金波就唱。每天都这样。

那天傍晚，很奇怪，那女孩子唱完一段，突然就不唱了，她以前从不这样，每次都是一口气唱完这首歌的四段。金波不知道是什么原因，他突发奇想，会不会是这姑娘在等着他唱第二段？金波试着唱了第二段，奇迹出现了！金波唱完第二段，那姑娘立刻唱起了第三段。泪水霎时涌上了金波的眼眶。她唱完第三段，金波马上接上第四段。

两个人就这样用歌声交流起来。一人一段，跟电影里少数民族谈恋爱的青年一模一样。时间一天天过去，金波和这位姑娘见面的愿望越来越强烈。他每天都盼望着傍晚的到来，并渴望着某天和她见面。

有一天，金波实在不能忍受了，他终于冒着风险，一个人偷偷跑出营房，在马群进场之前，金波飞跑着来到军马场外面，和那位藏族姑娘见面了。她和金波想象的完全一样，红红的脸庞，黑黑的发辫，一双眼睛像黑葡萄似的，露出一排洁白的牙齿憨憨地对着他笑。

金波不由得哭了起来，藏族姑娘给他擦拭泪水，两个人语言不通，用手比画，最后她扑在金波怀里，金波紧紧抱住她，仿佛这世界上的一切都不存在了。而实际上什么都存在。军马场的政委突然出现在他们面前，于是一切都结束了。

金波违反了军纪，被迫复员。临走前的一天，金波没什么顾忌了，跑到军马场找心爱的姑娘，决心带着她回家乡。可是，金波没能见到她，她被调到另外一个军马场去了。她将一只公家发的白搪瓷缸留给了一位同伴，让她转交给金波。

就是后来他每天用来泡茶的那个瓷缸。直到最后金波连她叫什么名字都不知道。

一个拥抱之后就永远地分开了,知道对方活着,却不知道会在哪个角落。爱过一生无缘的人,大概也如金波这样,拿着一件纪念品,深深的思念只能等待岁月来冲淡。

第二辑

时间才是爱情的敌人，空间不是

自由大于情感，选择大于固守。爱是一条奔流的河，永不止息。

时间才是爱情的敌人，空间不是

1

2017 年有个很火的电视节目《见字如面》，请名人来朗诵名人的书信，这让很多人开始怀念那种写信的时光。

怀念书信，只不过是怀念你回不去的青春。说实话，我们多久没有用笔写信了？既然那是一种被淘汰的事物，就像我们很少再读报纸一样，趋势使然，不是怀念和观看一档电视节目就能挽回的。就表达本身来说，我更喜欢现在。

我爱你，就立即给你发微信；我想你，就马上告诉你我在思念。不像以前，"渐写到别来，此情深处，红笺为无色"，"渐行渐远渐无书，水阔鱼沉何处问"。离别之后，都不知道你到了哪里，"别后不知君远近"，也不知道你和什么人在一起。寄出一封信，对方收到时可能已经白发苍苍。

现在多好啊，随时可以知道你在哪里，就算相隔天涯，我也能够听到你的声音,能够看见你的脸,能够触摸你的心。与其写一封信,要经过长途跋涉,才能到你手里,还不如现在发个微信语音直接告诉你。

当我们的空间距离缩短了,时间才是我们的敌人。我们能否一直爱?

时间才是爱情的敌人,空间不是。

2

"从前的日色变得慢/车、马、邮件都慢/一生只够爱一个人",这是木心的句子。典型的文人句子,但我并不觉得美。现在日色一样的慢,但我们总是容易把过去美化,以为旧的就是好的,过去的爱情,过去的书信就是美好的。

其实不是。我们看到的是名人留下的美好书信,那是小概率事件。而普通男女那种没有选择的煎熬,谁又知道?

你只知道鲁迅和许广平之间往来的书信,你叫我"小白象",我叫你"小刺猬",亲热得不得了。但这背后还有一个被遗忘的女人:朱安。

1906年接到"母病速回"的电报,鲁迅匆匆赶回去,却发现家里一片张灯结彩,惊愕之余很快就明白了,他母亲在给他张罗婚事。他没有反对,甚至对家里人给他戴假辫子,也没有表示特别的不快。他知道这个时候,一切反对都于事无补。这是母亲送给他的"礼物"。在那个时代,他不能休妻,朱安更不能离婚。她像一只蜗牛一样,慢慢地爬啊爬,却始终追不上鲁迅,反而越来越远了。

得知鲁迅和许广平生了孩子后,有人问她该怎么办,朱安凄凉地说:"过去大先生和我不好,我想好好地服侍他,一切顺着他,将来总会好——我好比是一只蜗牛,从墙底一点儿一点儿往上爬,爬得虽慢,总有一天会爬到墙顶的。可是,现在我没有办法了,我没有力气爬了。我待他再好,也是无用。"

"一只蜗牛",这是朱安一生悲苦的命运。她一生未曾尝过作为女人的滋味,只是作为鲁迅的背景存在,而那个时代多少普通女人没有自己的选择?

美好的爱情,不是这样一生只够爱一个人,而是你有选择权。是朱安可以选择离婚,鲁迅可以选择自己的爱人的自由。

我们都知道杨贵妃和唐玄宗的爱情,"在天愿作比翼鸟,在地愿为连理枝"。但我更在乎的是"白头宫女在,闲坐说玄宗"。在那个没有选择的时代,对于普通宫女来说,是多么悲惨的命运?

"大量的宫女都出身于北京及附近郊区的清白之家。经过多次的甄别与淘汰,入选者被女轿夫抬进宫门,从此就很难跨出宫门一步。这些女孩子的年龄在九岁至十四岁之间……她们的生活确实是值得同情的，皇宫里真正的男人只有皇帝一个，得到皇帝的垂青因而风云际会，像慈圣太后的经历一样，这种机会不是没有，但毕竟是极为罕见的。绝大多数宫女在使婢生涯中度过了青春，中年以后也许配给某个宦官作伴，即所谓'答应'，也可能送到紫禁城的西北部养老打杂。经历过这可悲可叹的一生，最后老病而死，还不许家属领取尸体。她们的尸体经过火化后，埋葬在没有标记的坟墓里。"
（《万历十五年》 黄仁宇著）

  最好的爱情不是名人们留下的故事，而是每一个普通女人都能获得幸福。不是徐志摩和林徽因的甜言蜜语，而是朱安能够获得自由和幸福。不是唐玄宗和杨贵妃玩没了江山，而是每个宫女都有爱人和婚姻。

  我想如果我生活在古代，我不会是名人，而仍旧是一个普通人。而作为一个普通人，我能够在如今这个时代做出爱的自由选择，所以我觉得这是一个比以前更美好的时代。

  人这一生最好的爱情，不是浪漫的，而是现实的，是每个人都有选择权。

3

　　大城市的好处就是对这样的人生给予了足够的包容。至少在情感的世界里，每个人都可以做出自己的选择。可以谈恋爱，也可以不谈恋爱；可以结婚，也可以离婚；可以和异性相爱，也可以和同性相爱；可以坚持爱一个人，也可以放弃爱一个人。

　　自由大于情感，选择大于固守。爱是一条奔流的河，永不止息。只要有男女在这个世界上，爱情就永远存在。只要有爱情在这个世界上，纠缠就永远存在。一生漫长，有的人坚守只爱一个人，有的人可能爱一个人不够，想多去爱几个试试。

　　书信只是一种表达媒介，媒介虽改变，爱情本身并没有变。
　　说实话，现在爱情的丰富性和自由度肯定大于以前任何时代，这个不必争论。你觉得民国那些爱情都很美好，但你是否看过张爱玲小说里那些大家族的女人怎样明争暗斗，朱安的一生是如何枯萎的？你真以为父母的时代都是美好的爱情，但你问过他们没有，是不是有更多的选择？你觉得上世纪 80 年代有美好的爱情，但你想过没有，有段时间你搂着一个女人跳舞也会被冠上流氓罪抓进监狱。
　　所以，我们不必怀念从前，安心选择当下的爱就好。

你的定情信物还在吗？

1

那一年，M 收到了一份定情信物。在一次旅游中认识一个男孩子后，加了 QQ，那时候还没微信，两个人在 QQ 上聊得很热乎，但离男女关系总还有一段距离。2008 年圣诞节那天，她突然收到一份礼物，一张贺卡和一只白色的小兔子玩偶。

M 一直在犹豫要不要接受他，毕竟不在同一个城市。如果贸然接受，不知会是什么样的结果。但看着可爱的小兔子玩偶，她还是决定和他试着发展一下。

然后两人相见，就那样，不咸不淡。那种淡淡的喜欢，谈不上多强烈。男孩子倒是很热心，时常来看她。有一天，他突然说，他辞职来到了她生活的城市。M 想，既然都这样了，就试着接受吧。

两人正式恋爱了，那只小兔子，她摆在了显眼的位置，也算是两个人定情的一种信物吧。两年后，两个人结婚了。

那只小兔子摆着总会惹上灰尘,她时不时拿出来清洗一遍。好在质量还不错,清洗了很多次后依然不显老旧。

后来 M 给他生了小兔子。孩子大了,也时常拿着那只白色小兔子玩。有的时候随便扔到床底下,但 M 总会找回来。

家里的物件越来越多,孩子的玩具、衣服,使空间日益拥挤,但那只小兔子也总会有着它的位置。这个小物件就这么永远存在这个家里,谈不上珍贵也说不上依恋,就那样成为两个人生活的必备品。

M 开心地保留着这当年的定情信物。

2

这么多年了,他给你的定情信物还在吗?

它不是婚戒,那是你们决定在一起的见证;它也不是婚后的礼物,那是他给你的爱意。他对你刚刚有好感,但还在试探阶段,他给你的礼物可能是一本书,可能是一个玩偶,也可能是一块石头。

就像钱锺书所说的,在一本书里夹一张纸条,你来我往,那本书就成了定情信物一样。就像《紫钗记》中,李益和霍小玉,翩翩才俊与窈窕佳人邂逅于灯会、定情于花园,一枚紫玉燕钗即是见证,终是卿不负我、我不负卿。

《诗经》里说:"投我以木桃,报之以琼瑶。匪报也,永以为好也。"可能因为某一句话,或者某一个物件,你决定去接受某个人。定情信物的可贵之处就在于,那是一种试探,你可以接受,也可以拒绝,可以把这信物当作纪念品,也可以随手扔掉。就算日后不能在一起,处理起来也毫不可惜。

还是爱情萌动的时候好呀,爱与不爱都还是由你支配。那种刚刚燃起的爱意,那种你觉得他会变得越来越好的期盼,那种没有身体接触但怀着期待的思念。一旦热恋了,有了身体接触,就想占有,就会嫉妒,就会痛苦,就会悲伤,就会牵挂,就会想一生一世。

3

在李碧华的《青蛇》中,许仙和白素贞的定情信物是一把伞。

白素贞和小青被吕洞宾做局吃了七情六欲仙丸之后,动了凡心,想要人世间平凡的爱,想在人间品尝男女之恋。

白素贞说:"你看,这里有一朵花,我说最爱的是那一朵。有一个人听见了,他自我身边走过去,慢慢儿摘取,替我戴起来,这真是人生难以形容的乐趣。"

内心起了涟漪，自然不会再安心修行。两人在西湖闲逛，遇上一个在嘈杂人群中读诗的美少年，那是许仙。白素贞的心就这样被吸引走了。白素贞和小青搭乘许仙的船。靠岸了，两个弱女子没有伞，而雨未停。许仙自然借予，小青道："这伞相公明日来取回好了。"然后告诉了许仙地址。

　　"不管晴雨，准到。"

　　"风雨不改？"

　　"是。"

　　白素贞开始期盼。许仙真来了。白素贞道："相公的伞，昨夜又借了给舍亲，因他赶路，故今仍没送来。"两人喝喝小酒，没再提那把伞。许仙告辞。

　　第二天，许仙又来取伞。这次白素贞留下了他，两人春宵一刻，小青只能在外面闲逛。

　　这伞，真是千古妙用的鹊桥。没有伞，哪有故事？——没有借口，哪有再会？一切都是原始而幼稚的，按捺不住的男欢女爱，心有灵犀。

　　许仙自然少不了那一生一世都待你好的承诺，说，我许仙永远不会有二志。可惜呀，最后他还是钟情于小青了。白蛇和青蛇为了许仙反目成仇。白素贞拿出的杀手锏是，"我怀了他的孩子了"。

　　小青只能退出，在一个星光灿烂的夜晚，她对着满天星起誓——我，永远，不再，爱，他。小青手中拿着一把利剪，无意识地，一下一下，活活把那把伞剪碎了。那紫竹柄、八十四骨的伞，一切的变故皆因为它。小青不愿意它在眼前招摇，把它剪成碎条，撒了一地，化作尘泥。

当由爱生恨，这定情信物也成了生生刺眼的东西，所以还是毁掉的好。后来许仙把白素贞出卖了，让法海抓住，镇压于雷峰塔下，而小青一怒之下，一剑刺杀了许仙。一段由伞而诞生的爱恋就此结束。

等雷峰塔倒掉了之后，白素贞又自由了。她再也不看一切的伞，一切的扇，一切的瓜皮小艇，一切的男人……

流水它带走光阴的故事,改变了我们

1

"流水它带走光阴的故事,改变了我们。"这是罗大佑的歌曲《光阴的故事》中的一句歌词。

"逝者如斯夫!不舍昼夜。"孔子总在说如何治理国家,如何做人,如何吃饭,如何睡觉,终于也发出这样一句对时间流逝不可违的感慨。

流逝的时光就像河水一样,日夜不停地流去。

《不能承受的生命之轻》中最让我感慨的不是特蕾莎和托马斯的爱情,也不是关于媚俗的描述。而是这段:

> 她(特蕾莎)出了门,朝河堤走去。她想看看伏尔塔瓦河。她想站在河岸上,久久地望着河水,因为看着流动的河水,可以让人心静,可以消除人

的痛苦。河水一个世纪一个世纪在不断流淌,人间的故事就在河边发生。它们发生,第二天就被遗忘,而河水依旧在不停地流淌。

....

她久久地望着河水,这儿的河水看上去更忧伤,更晦暗。……在这座短命的城市里,一条河一个世纪复一个世纪地流淌而过,他们根本就无所谓。

她重又凝望着河水。她感到无尽的悲哀。她明白她所看到的,是永别。永别生活,生活正带着所有的色彩逝去。

那些在长江上谋生的人,那些在江边生活过的人,已经永远地流去了。

"郴江幸自绕郴山,为谁流下潇湘去。"

2

智利诗人聂鲁达来过中国两次,第二次来时是诗人艾青接待他,那是上世纪 50 年代。聂鲁达和艾青一行人游长江。他后来在自传里写道:

我们乘坐一艘运载上千名旅客的轮船,开始沿长江旅行。船上旅客都是富有活力的农民、工人、渔夫。这条烟波浩渺的大河,帆樯如织,劳务繁忙,千千万万生灵、忧虑和梦想往来穿梭其中,我们沿河朝南京方向航行了好几天。这河是中国的主干道。……两岸高耸的峭壁几可摩天,天空中不时出现一片小云彩,像是用毛笔娴熟地抹上去一般;在断崖峭壁间,有时隐约可见一间小屋。

　　这美得教人透不过气来的景色,人间少有,也许只有艰险难行的高加索隧道或者我们荒凉肃穆的麦哲伦海峡可与之媲美。

当年和聂鲁达同乘一条船的上千名游客,很多早已去世了吧。而长江依然还是那条长江。

这个国家都已经发生了翻天覆地的变化,不知道江河是否知道?

"千古兴亡多少事?悠悠。不尽长江滚滚流!"

3

　　年纪越大,越希望回归自己的内心。只要不是必要的社交都免了吧。就算静静去看看流水，沉默着在人群里走过，也比没有必要的交谈强。

有一个晚上，苏东坡喝多了，回到家已经很晚，敲门没人应，那片刻的安静里，他"倚杖听江声"，他听到了人生的无奈，"长恨此身非我有，何时忘却营营"。他听到了自由，"小舟从此逝，江海寄余生"。

河流给你时光流逝的感慨，也给你自由的遐想，给你反省自己人生的启发，也给你摆脱烦恼的理由。看看日日奔流的江水吧，那是解决问题的所在，当然前提是，你千万别跳下去。

"青山遮不住，毕竟东流去。"

4

"河流是我们人类的老师。"这是黑塞的著作《悉达多》里面说的一句话。

悉达多为了寻求真理，放弃优越的家庭生活和大好的前程，跟着沙门出门乞讨了，他说是为了修行。他只有一个目标——使"自我"化为空无，抛却一切欲念、梦想、快乐与悲伤。他和朋友侨文达来到孤独园，找到了释迦牟尼，但还是觉得佛祖的这套佛法不足够吸引他。侨文达留在了佛祖身边修行,而他继续上路了。

他来到了一条河边,需要渡河,船夫带他渡河。

"这是一条美丽的河。"悉达多对船夫道。

"的确,"船夫道,"这条河很美,我爱它胜过一切。我常常聆听它的低语,或静静凝视着它。我总是从它那儿学到点东西。我们可以从一条河那学会很多。"

悉达多说没有酬劳付给船夫,船夫说:"我并未期望从你那儿得到任何礼物或者钱财。将来有一天你自会来馈赠我。这一点我也是从这条河学到的:天地循环,你这位沙门有朝一日也会回转。"

悉达多回到了世俗社会里,利用他修行得来的"思考、等待和斋戒"等技艺,很快获得了巨大的财富。

很长一段时间里,虽然过着世俗的生活,但他的内心却不属于世俗。他已经品尝了财富、激情和权力的滋味,他在内心依然是一个沙门。

他对自己爱的人伽摩拉说:"你很像我,你的确与众不同。你的内心总有一处宁静的圣地,你可以随时退避并在那里成为自己。我也会这样做。极少人具备这种能力,然而所有的人都能够获得。"

但是他太高估自己的定力了,很快他在财富和权力中迷失了。赌博，纵欲，迷恋权力，他成了自己当初讨厌的那个人。

一个深夜，他反思自己，决定放弃一切，重新寻求自我。他再次来到了那条河旁边，这次他理解了这条河的一个秘密。河水无间断地奔流不歇，却又恒常不变地存在着——河水永不迁变却刻刻常新。

船夫认出他来了，二十多年前，他说过悉达多还会回来找他的。这船夫最美的德行就是懂得倾听，在听悉达多说完自己的所有故事后，他未发一言，但悉达多感受到他已经听懂了每一个字，领会了每一层细微的意思。船夫说："是河水教我如何倾听的。你也将从它那儿学会。河水懂得一切，人可以从它那儿学会一切。"

船夫的工作是渡人过河，他曾将成千上万的人摆渡过河，对于许多过客，这条河是他们旅程中的障碍。他们都是为了生意和金钱而奔忙，或是游玩，或是参加婚宴。但千万人之中会有几十人，也许只有四五人，对他们来说，这条河并非阻碍。他们听见了河水的声音并且用心去谛听，于是河水被他们视作神圣之物。

悉达多从河水里学会了倾听的艺术，学会了以一颗宁静的心灵、一种期盼而又宽容的心境去倾听，抛弃一切欲望和激情，抛弃一切评判和见解。

悉达多问船夫："你是否也从河水那儿学到了这个秘密，

即世上并不存在时间的实体？"

船夫说："是的，你说的的确不错：河水在同一时刻无处不在，无论源头、河口、瀑布、渡口、海洋以及山脉间；同时，河水只存在于当前的时间中，并非过去或未来的影子。"

生命是一条河，少年悉达多、成年悉达多和老年悉达多只是由于幻象而有分别，而并非由于现实而有分别。所有的悲伤、所有的自我折磨与恐惧不都是存在于时间之中吗？一旦征服时间，不就可以征服世上所有的苦难与邪恶吗？

在河边，悉达多终于找到了自己最初出门要寻找的道。他和船夫生活在一起，充满喜悦。在这条河边，悉达多迎来了曾经的爱人伽摩拉，她追随了释迦牟尼，也迎来了年轻时的好友侨文达。这些遇见都让他非常平静，这些都是他从河流那儿学到的。

> 同心锁都被时间腐蚀了，你们的爱情还在吗？

1

　　这些年每到一个地方，总喜欢胡乱拍照，也喜欢研究一些当地有特色的东西，譬如爱情桥、爱情锁之类的。

　　在张家界，我看到了那一排排同心锁，不断地增加，情侣们不断地去那里刻下两个人的名字，留下自己爱情的印记。这是永远也不会被打开的锁，因为钥匙已经丢了，只能永远地锁在一起。

　　在台湾淡水的爱情桥附近，我也看到了类似的爱情牌。一块块读过去，都是爱的宣言。在爱情桥上合影，看夕阳，或者骑自行车穿过太平洋海岸，都是最适合情侣们做的事情了。然后在爱情桥留下爱的宣言。看看这条："但愿我们，永浴爱河，长相厮守，天荒地老，早生贵子，海枯石烂。"用红绳系住，仿佛爱情也可以永远这样被系住。

2

同心锁,一个多美好的爱情象征,当锁锁上的那一刻,爱情可能达到巅峰吧,永结同心,不再分离。只是那些锁经历风吹雨淋,锈迹斑斑,被时间完全腐蚀,那时候你们的爱情还在吗?

爱情是多说不准的东西啊,今天说相爱,明天可能就分手。这一刻希望永远在一起,某一天可能就会厌倦。曾经以为会和他永远在一起,但某天你却和其他人结了婚。同心锁只是证明着曾经爱过,并不能把两个人真正地完全锁在一起。

台湾歌手陈升曾做过一件很煽情的事。他提前一年预售了自己演唱会的门票。仅限情侣购买。一人的价格可以获得两个席位。但是,一份情侣券分为男生券和女生券,恋人双方各自保存属于自己的那张券,一年后,两张券合在一起才能奏效。

票当然卖得很快。也许这个是恋人双方证明自己爱情的方式吧。"我们要在一起一辈子呢。""一年,算什么。"这场演唱会的名字叫作:"明年你还爱我吗?"

看似很简单的疑问句,不少肯定的答案却被赤裸裸的现实推向了反面。到了第二年,陈升专设的情侣席位空了好多位子。他面对着那一个个空板凳,脸上带着怪异的歉意,唱了最后一首歌《把悲伤留给自己》。

只有文艺大叔才会这么做吧。

3

《安娜·卡列尼娜》中安娜和伏伦斯基的爱情太过炙热，让人燃烧也让人毁灭，离我们普通人其实都有点远。我还是说说其他配角的爱情吧。譬如，陶丽和奥勃郎斯基。

小说的第一句话："幸福的家庭家家相似，不幸的家庭各各不同。"接下来就说，陶丽发现奥勃郎斯基出轨了。然后一家都陷入恐慌之中。一家老少，个个都感到痛苦。安娜是奥勃郎斯基的妹妹，她到莫斯科来劝说嫂子原谅哥哥。陶丽见到安娜后哭诉说："你知道，安娜，我的青春和美丽都被谁糟蹋了？被他和孩子们。我为他操劳，我的一切都在这上面消耗掉了；如今他遇到一个新鲜的贱货，自然就被迷住了。……我对他没有爱，我对他只有恨。我恨不得把他杀了。"

安娜劝嫂子说，不知道你心里对他还有多少爱。你是不是还有足够的爱来原谅他，这一点只有你自己知道。要是有，那你就原谅他吧！"陶丽，听我说，好人儿。当年斯基华爱上你的时候，我是看见的。我记得他当时跑到我那儿，流着泪谈到你，你在他心目中真是多么崇高和富有诗意呀！"

陶丽反问安娜："那么要是换了你，你能原谅他吗？"

安娜一开始说不知道，后来安娜想了想说，"不，我能，我能，是的，我会原谅的。可能我同原来有点不一样，但我会原谅的，我会完全原谅他。好像根本没有过那件事一样。"

陶丽在安娜的劝说下选择了原谅。这个故事如果在这里就结束，是不是简单了很多？但我更感兴趣的是陶丽后来的心理变化。

当安娜决定和伏伦斯基在一起却不被周边的人接受时，陶丽决定去看安娜，她在路上想了很多。

"他们攻击安娜。为什么？难道我比她好吗？至少我还有一个心爱的丈夫。虽说不上称心如意，我还是爱他的，可是安娜不爱她的丈夫，她到底有什么过错？她要生活，上帝赋予我们心灵这样的欲望。要是我处在她的地位，也很可能这样做。在那可怕的日子里，她到莫斯科来看我。我至今不知道，我当时做得对不对。我当时应该抛弃丈夫，重新开始生活。我也可能真正去爱上一个人，真正被人家所爱。"

陶丽想着自己年纪不算太老，也来得及。于是她想起丈夫的朋友土罗甫春，他待她特别殷勤，在她孩子患病的时候，一起照顾他们，他爱上她。还有一个小年轻也喜欢她。于是陶丽头脑里幻想着最热烈、最荒唐的风流韵事。"安娜的行动了不起，我说什么也不能责备她。她自己幸福，也使别人幸福，不像我这样逆来顺受。她一定还是像以往那样鲜艳、聪明和开朗。"

陶丽见到了安娜，在安娜脸上发现那种只有当女人在热恋时才会出现的美，因而感到十分惊讶。而安娜望着陶丽消瘦、憔悴、皱纹里落满尘土的脸，本想直率地说，她觉得陶丽瘦了，但是一想到自己却变得更加丰满艳丽，就忍住什么都没说。

最后的结局是安娜为爱情选择了死亡，而陶丽依然平淡生活，幻想着自己也拥有着爱情。

爱情在时间里都被消磨了。而最好的爱情就在你们决定一起挂同心锁的时候，因为那时候，还没有柴米油盐来消耗掉爱情，还没有厌倦，他眼里只有她，她眼里也只有他。

正如池莉所说："有一种办法可以保持男女两情相悦的永远。那就是两人永不圆满，永不相聚，永远不彼此牵手。即使人面相对也让心在天涯，在天涯永远痛苦地呼唤与思念。"

亲爱的，多想让你重新追我一次

1

国政的老婆清子，一天突然离开他，去女儿那儿生活，没留下什么话，也没给什么理由，这样一分开就是几年。偶尔国政打电话过去，问她什么时候回家，清子说，在女儿这儿带外孙挺好，不打算回去了。

七十多岁的国政，就成了孤家寡人，和从小一起长大的玩伴源二郎聊聊天，陪源二郎调侃下他的徒弟彻平。

春天的樱花，夏天的烟花，秋天的卷积云，冬天的河面……日复一日，年复一年，国政生活的小镇上每一天都是如此平凡。没有清子的日子，有老友在，也不觉得孤单寂寞。

源二郎的徒弟彻平要结婚了，需要一对媒人，也就是主婚人，必须是夫妻。他师傅源二郎的妻子早已去世，彻平只能求助于国政，因为他虽然长时间一个人生活，毕竟还有妻子清子在，源二郎也是这样劝国政的。年轻人的婚姻是大事，何况是好朋友的徒弟。国政答应做这个媒人。

他心情忐忑地打电话给清子。清子的回答很干脆："我拒绝。""为什么？""那么重要的人的媒人，我们两个分居的人哪里担得起？再说也不吉利。去拜托更适合的人吧。"

国政只能握着话筒叹气。想起前段时间，他去女儿家看清子，想问问清子什么时候回家。

在清子看来国政就是个迟钝、无可救药、一点都不懂得体谅人的人。自己是因为能忍，才会跟这样的男人在一起生活几十年，离家出走也是正常的。而且女儿们也支持她的决定，所以她是绝对不会回Y镇那个家的。

刚开始认识的时候，可不是这样的。清子喜欢读书，文静，圆润；国政在银行上班，忙碌，养家。国政也试着去了解清子读的书，了解她的世界，清子也表现出贤妻良母的样子，两个人就这样养育了一双女儿。清子没有表现出任何不满和怨言，国政一度以为她真的没有任何不满。

直到这次在女儿家，清子把自己的怨言都说了出来，包括当年国政的母亲抱怨没有生儿子的事情，都被搬了出来。国政才明白，原来她在家里受了这么大的委屈，原来清子一直过得不开心。原来自己并没有真正地关心过她的内心世界。

2

为了能够说服清子做这个媒人,国政决定开始给清子写明信片。一开始,他写一些无关紧要的寒暄,还会加一句"请你再考虑下媒人那件事",后来就把自己这些年独居生活的一些好玩的事情,写给清子,一张明信片容纳不下,他就在后面加一句:"后续"。连着写了好几封明信片。

国政没有收到清子的回信。他决定不去多想,还是继续写。时间一直是有的。每天写明信片的课题给国政的生活带来新的刺激。有一次,他在明信片上画了个迷宫。从开头连到终点的话,会浮现出类似"媒人"两字的轨迹。为了画这个让人一筹莫展的迷宫,他画了整整一天。

他给清子的信里写道:"和你结婚,孩子也生了,也许这段日子你过得并不幸福,但我却觉得很充实。因为你们,我才有工作的动力。""现在想想,当时没能照顾到你的心情,完全是因为我的迟钝和怠慢。以前源二郎就经常说我缺根筋,我承认自己以前安于现状,也没想过要改变自己。"

他就一直这样写,从来没有收到过清子的回信,甚至电话也没有。七十三岁的他,重新追了清子一次。像诉说这一生的遭遇,两个人生活的点滴都在他信件里描述出来。才发现很多时候,因忙于工作,的确常忽略了清子的感受。

"这几天一直很冷,不知道大家过得好不好。今天我和源二郎在荒川聊了聊'永远'。我心里有很多悔恨,总觉得'那个时候要是那样就好了',但是绝大部分事情都已经无法挽回了。一想到剩下的时间也不多了,我打从心底觉得你就按照你自己想要的方式生活也挺好的。就算我们没有住在一起,我也一直在期待你和女儿们过得幸福。这一点绝对是真的。细想下来,让我真心祈祷其幸福的人并不多。这么说还是有些丢脸的,毕竟这就等于把我荒凉寂寞的一生摆明了给你看。不过我还是很庆幸,你是我为数不多的人中的一个。不要感冒了。"写完这封信没多久,一天国政回家,突然发现清子在厨房里洗东西。她答应国政做媒人的事情了。

这是日本小说《假如岁月足够长》的故事。

3

岁月足够长,而你现在就开始冷淡我了,你忙着自己的工作,我忙着孩子的事情,你不再关心我的感受,不再像以前那样变着法子让我开心。

未来的日子我不知道该怎么度过,亲爱的,我想让你重新追我一次。

那时候你给我朗读《死亡诗社》里的片段:

诺克斯：从我见到你的第一眼起，我就知道你有一颗奇妙的心灵。

克丽丝：这就够了？

诺克斯：当然够了。碰到对的人，就是这种感觉。

克丽丝：如果你弄错了呢？如果我压根儿就不喜欢你呢？

诺克斯：那你就不会跑来提醒我提防切特了。

那时候，你在忙碌的上班路上也没忘记给我短信，在拥挤的地铁上也拍照给我说你到了哪里。就算出去吃个面，你也会说，来吃面了。你把自己的一点一滴都告诉我，而你更想知道我的生活，总是问我在忙什么。

那时候多好玩，感觉每天都有说不完的话，每次都想把你的聊天记录保存下来，想到什么好的东西，第一时间就想和你分享。看到和你一起吃过的水果也会想着你的样子。一个人走路脑中会突然冒出你说过的一些话。好像世界里就只有你。

不知道从什么时候开始，感情就这样慢慢淡化了，你不再关注我的喜怒哀乐，不再告诉我你有什么快乐的事，甚至不再分享你的时间。我感觉你迟钝得无可救药，怎么会把我们初识的日子也忘记，甚至把我们的结婚纪念日也忘记。每天不知道忙着什么，分配给我的时间却越来越少。一年下来，甚至没有好好地交流一次。

假如岁月足够长，亲爱的，我真的想让你重新追我一次。像国政追清子那样，想着法子重新赢得我的爱。

请和我谈一场不赶时间的恋爱

1

2011年吧，追看了几个月《非诚勿扰》，我是一直把它当作娱乐节目来看的，上面的二十四位女嘉宾，在看完男嘉宾的几段视频后，就决定牵不牵手，这说明爱情进入了快餐时代。后来有媒体采访过一位现场牵手，下场就分手的女嘉宾。她说，很多女嘉宾牵手，并不是说真的看中了男嘉宾，只是不想在上面站着了，目的已经达到，牵手走下来，也算一种解脱。

至于事后如何，其实没人关心的。这像是我们这个时代的爱情缩影。爱情来得太快，也结束得太快。好像都在赶着时间谈恋爱，却不知道真正的爱情是什么样的。

前段时间一位女性朋友恋爱了，熟女的爱情，好像省掉了很多程序，从见面，吃饭，到上床这一系列环节可以用三天走完。男人看着也靠谱，也想结婚。但女的说："我暂时不想啊，我还想谈谈恋爱。"

多少被打上"剩女"标签的女人，都在被家人朋友赶着说，别再那么天真地谈恋爱了，好好找个人过日子吧。人到了一定年纪，好像连恋爱的资格都被剥夺了，剩下的就是直奔主题的结婚，过日子。见面相亲，感觉如何？如果还可以，那废话少说，抓紧办正事。这人世间好像只有结婚，生小孩，过日子才是正事。

我们谈恋爱都那么赶。要么奔着上床，要么奔着婚姻。不以结婚为目的的恋爱都是耍流氓，那一上来就直奔结婚的相亲，会不会也无趣？

2

如果爱我，就陪我谈一场不赶时间的恋爱。

我不强求你像沈从文追张兆和那样写情书写了多年，也不奢望你会像杨过那样等我十六年。我只想，你用心一点，真诚一点，多花一点时间。

我们好好谈一场恋爱。该有的约会都约，该说的情话都说，该看的书一起看，年轻恋人做的事情，我们也可以做。我不想你那么快进入我的身体，也不想你那么快把我的所有都摸透，也不想草率地决定是否嫁给你。我需要你慢慢了解，慢慢探索，慢慢培养。如果你想要快餐式的爱情，我觉得那是对我的不尊重。

如果你真的决定和我度过余生，多花点时间和我谈恋爱又怎样？心啊，都慢一点，身啊，都别太猴急。几分钟就牵手的爱情，能够带来什么样的结局？我们的爱情不是买卖，而是一场灵魂、精神、肉体的交流。

如果你能写情书给我会更好，不能写，我也想要你真诚地表达。你不觉得，如果爱情里只有简单地吃饭，聊天，上床，结婚，太单调了吗？

我们人生能有多少闪亮的时刻，我觉得爱情就应该是闪亮的。像《怦然心动》里面的那对少男少女，因为心动，回眸，一切都那么美好。如果你爱我，就等等我慢热的心和缓慢的脚步。

3

> 爱情，众水不能熄灭，
> 大水也不能淹没，
> 若有人拿家中所有的财宝要换爱情，

就全被藐视。

——《圣经·雅歌》

不管到了什么样的年纪，我们的内心都渴望恋爱。不能因为是所谓的剩女了，所谓的熟女了，就放弃恋爱的过程，直接把所有事情办了。有人太忙了，好像忙着赚钱，以为用钱就可以买来爱情，至少是快餐式的爱情，但正如《圣经》里说，若有人拿财宝换爱情，就全被藐视。

很多时候，这个匆忙、现实的世界都在告诉你，爱情是现实的，最后的结果都是和一个男人或者女人过日子。谈什么不能吃不能喝的恋爱，赶紧结婚，买房，生小孩，一大堆现实的事情要办呢。但是，当我们忘记了爱情本来该有的模样时，我们好像真的就只有现实了。纪伯伦说："爱情是我们从初人那里继承下来的一种先天性软弱。"爱情应该是软弱的。爱情的软弱可以抵抗这坚硬的现实。

爱情是最不应该赶时间的了。我想那种爱的感觉慢一点，再慢一点。我不想爱是一场短暂的激情，不想你得到了我的身体，就好像得到了我的一切，我就会跟着你走。就像简·奥斯汀笔下的爱玛兜兜转转几年，才发现最爱的是自己曾经给别人介绍过的奈特利。我喜欢看一见钟情的故事，但更喜欢看这种默默生情的故事。

日久生情,给爱情一些时间。

4

我喜欢你沉默的时候,因为你仿佛不在,
你远远地听我说话,而我的声音触不到你。
你的眼睛好像已经飞走,
好像一个吻已经封住了你的嘴巴。
由于万物都充满了我的灵魂,
你从万物中浮现,充满我的灵魂。
梦之蝴蝶,你就像我的灵魂,
你就像"忧郁"这个词。

我喜欢你沉默的时候,你仿佛在遥远的地方。
你仿佛在哀叹,一只喁喁私语的蝴蝶。
你远远地听我说话,而我的声音够不着你:
让我跟着你的静默一起沉默。
让我和你交谈,用你的静默——
明亮如一盏灯,简单如一只戒指。
你仿佛是夜,默不作声,满布繁星。
你的静默是星子的静默,如此遥远而单纯。

> 我喜欢你沉默的时候，因为你仿佛不在，
> 遥远而令人心痛，仿佛你已经死去。
> 那时，一个词，一个微笑就够了，
> 而我感到欢喜，欢喜那并不是真的。

——《我喜欢你沉默的时候》 聂鲁达著　陈黎译

其实我所谓的谈一场不赶时间的爱情，就是想和你这样沉默相对而心灵相通。这样默默无语，而一个微笑就足够。爱情里，不怕光阴虚度。我们不赶时间，反正那些赶时间的人都将死去。他们做成了大事或者没做成，时间荒废在一些没有多大意义的事情上。而现在，我们的爱，就是最为重要的事。

如果世人嘲笑我们为什么不抓紧生活，我们就骄傲地说，没事，我们在恋爱，我们不赶时间。

我曾拥有过你的哭泣

1

那是个雨天，我在公寓里百无聊赖的时候，接到了她的电话，电话那端的她，一开始就哭泣。我知道她伤心的原因是什么，肯定又是为了感情。她和他，一直就纠缠不断。

她哭了几分钟后，问我：你说我该和他分手吗？我说不分吧，他肯定还是在乎你的。

他们是异地恋。周末，他去她的城市看她，刚好她被老板抓去加班，就让他在宾馆等了一个上午，说中午过来找他。老板这边的事情很快办完了，她就急忙赶去宾馆找他，没有事先通知。

没想到她在里面发现了另一个女孩子，那是大家都认识的。他见她突然提前来，有些恼怒也有些慌张，说，来之前怎么不打电话。她说，想着怕你久等就赶来了。另外一个女的急忙撇清关系说，知道他来了这城市，所以赶着来看看。

她说，两人关系肯定非同一般，但他们又不承认。好像有根刺在她喉咙，怎么也拔不出来。那种郁积于心的情感，不知找谁诉说。他对她时好时坏，而她对他全身心付出，她觉得自己既然都付出这么多了，要不就安然接受，但这次没想到他会吃"窝边草"。当然她没证据，只是难受，那种难受就是想把自己撕裂，却像打在棉花上一样的难受。你想哭，想喊，想砸碎这个世界，最后发现，伤的却是自己。所以，她想到了我，一开始就哭泣。

2

在很早以前，我收到了一封没有署名的信，内容在那个年龄段，算是有些暧昧。我看完后，内心很窃喜，偷偷地放在了我专门装信件的盒子里。我知道是谁写的，但是我不敢对身边的任何人说。我胆子一直很小。不久她就和他谈起了恋爱。她再写信给我，说自己谈恋爱了，对象在其他城市。还发他的照片过来，问我觉得怎样。我说，祝贺，当然很好。

那还是手写信的年代。她经常给我写信，谈学习，谈工作，谈自己的生活。我偶尔回，她都说你们公司的信封真漂亮。我知道她想我更多地回信。那时候她和他关系时好时坏，他们的纠缠、她的困惑都会在信里和我说，偶尔让我从男人的角度判断一下他的想法,到底是不是真爱她。

我很少给具体的意见,一般我是不参与评价。只是她一旦有什么不开心的,就会给我电话,好像我无形中就成了她最信赖的朋友。

一上来就哭泣,还是第一次。电话那端的哭泣声配合着窗外的雨声,那一个下午我好像拥有了不一样的心绪。雨停了,她也哭泣完,我走出门外,刚好是雨过天晴的日子,但心里还是回想着刚才的哭泣声。不知道哭泣之后,她会去看场电影,大吃一顿,大睡一觉,还是继续加班。

从那次哭泣后,她很少再给我电话。后来,她和他分了几次,最后又在一起,关系还是那样时好时坏,她说习惯了,跟定他了,既然做了选择,就不论他是否还是那样时常和其他女人牵扯不清。然后两人结婚,却依然不断闹别扭。

直到后来音讯全无。我也不知道最后的结局会是怎样。

3

我一直就是个很令人安心的倾听者。能够向我哭泣,说明她对我有极大的信任,而这种信任带着点暧昧,但以我的性格,可能永远都不会把这种暧昧发展成另外的关系。那哭泣声，一直萦绕在我心里，她可能都不曾这么向她爱的人哭泣过。

那些只是在表面上哭过的人，不懂得眼泪的珍贵。那些只想占有的人，不懂得这种信任的厚重。哲学家齐奥朗说："眼泪是圣徒通往上帝的河流，没有认真哭过的人不可能见上帝。"

如果用眼泪来抒情，大概塞尔努达的这几句诗适合我那时的心情：

> 那无骨的一天，
> 头发倾泻泪水，
> 眼泪多得足以填满爱人
> 对折磨或爱抚不竭的渴望。

那一天的眼泪足以填满所有雨季的思念。一场痛哭之后，可能会让关系更进一步，也可能就此别过。

没在深夜哭泣过的人，不足以谈人生。没有拥有过一个人的哭泣，又怎能谈情感？我曾拥有过你的哭泣。在那些青春的岁月里，我们为对方不回信而伤心，还可以找个单纯的对象哭泣，青春的眼泪也在时光的流逝中变得珍贵。

我想，估计她早已忘记了那天，她在北方，我在南方，那个雨天，她的哭泣声在我耳边响彻了整个下午。

第三辑

夫妻之间没有伟人，也没有美人

> 两个人走到一起，就是缘分，如果能够彼此点赞，在遇到困难的时候，多说一些"不要紧""没关系"，彼此之间可能也不会那么剑拔弩张。

夫妻之间,没有伟人,也没有美人

1

一次出差,在火车站看到一对老年夫妇,妻子排队买票,丈夫看行李。妻子在窗口询问了很久,拿了票走了出来。丈夫一看车票上的目的地,就发火了:"我不是叫你买到兰州吗?你怎么会买到其他地方。我都和你说了多少遍了,你像个死人一样就是不听我的。"然后怒气冲冲地踢了几脚行李,要妻子过去换票。老太太颤颤巍巍走了过去,老头子还在后面骂骂咧咧。

这种场景我再熟悉不过了。我经常遇见因为一点琐事,彼此怒骂的夫妻,朋友的父母就是这样。他们长期吵架,吵一辈子了,就是因为她妈妈是个特别合格的"差评师",她一辈子都看不起她爸。

她爸老实懦弱,家里的家务都是他包办的,他就喜欢过安稳舒适的生活,她妈就说他是无能,没本事,这些家务什么的随便请个人都能干，这不是一个男人应该做的。她妈每次看到别人家的男人能干一点，就羡慕不已，然后回来数落家里那位，说，如果你能赶上那谁一星半点，我们家就不至于这样了。这种差评和数落，贯穿了他爸的整个人生。

她以前总觉得她爸好惨，摊上她妈这样好强的女人，现在看来，其实她妈也苦，她那么强大，想要过彪悍的人生，结果嫁了一个没有大志的老公。两个人几乎就没彼此欣赏过。

可能人家羡慕你家的懂得安心过日子，而你却羡慕人家的敢于闯荡、会赚钱。

我们都习惯做身边人的"差评师"，几乎没有耐心对身边的人好好说话。我们可以对陌生人点赞，对身边的人却吝啬那一句赞美。

中国人经常说，夫妻之间谁不是吵吵闹闹过日子。好像争吵成了夫妻之间的必备元素。我们对每日相对的人缺乏耐心，别人眼里的女神，可能在自己男人眼里就是个做家务的普通女人，而别人眼里的男神，可能只是一个四体不勤、邋邋懒惰的无聊男人。

2

　　大多数人，就因为这种相互的差评，形同陌路。不用七年，可能两三年就已经把彼此的缺点全部挖掘出来，把彼此最恶劣的一面暴露出来。我们在比谁做的活多，指责对方为什么会做这么少，在比谁为这个家贡献得最多，而不是心甘情愿地说，这是我喜欢做的。

　　家里的活，更是如果谁长期做了，那默认就是谁做。朋友无论加班多晚回家，厨房里的碗筷还放着等着她回家洗。只要她在，这碗筷永远是她的活。无论你付出多少，都得不到一句好评，好像你做这些都是理所当然的。

　　夫妻之间，没有伟人，也没有美人。人到一定份上，该明白的大道理早就都搞懂了，并不需要一个总是唱对台戏的丈夫或者妻子。

3

　　杨绛的《我们仨》写了一个家庭三个人的琐事。她写道："人世间不会有小说或童话故事那样的结局：从此，他们永远快快活活地一起过日子。人间没有单纯的快乐。快乐总夹带着烦恼和忧虑。"

但杨绛懂得说话。杨绛在医院生孩子期间，钱锺书一个人过日子。每天到产院探望，常哭着脸说："我做坏事了。"他打翻了墨水瓶，把房东家的桌布染了。杨绛说：不要紧，我会洗。"墨水呀！""墨水也能洗。"钱锺书就放心回去了。

如果换做彼此给差评的夫妻，对方可能就大发雷霆了。可以想象她应该是这样地骂："你真是头猪啊，就不能让我安心坐月子吗？好好的桌布就被你用墨水弄脏了，我怎么去洗？是墨水啊，不是小斑点。真把我气死了，真不知道你这半辈子怎么活过来的？"是不是很熟悉的语气？

但杨绛不是。钱锺书放心回去了。第二天，他又做坏事了，把台灯砸了。杨绛问明是怎样的灯。然后杨绛说："不要紧，我会修。"下一次，钱锺书又满面愁虑，说是把门轴弄坏了，门轴两头的门球脱落了一个，门不能关了。杨绛还是说："不要紧，我会修。"钱锺书就放心回去了。

杨绛一句"不要紧"把所有问题都解决了。她写道："我说'不要紧'，他真的就放心了。因为他很相信我说的'不要紧'。"

其实夫妻之间，多需要这样一句"不要紧"，因为你知道自己无论遇上什么样的困难，都有一个让你安心的人在背后。他会告诉你说，不要紧。如果开头的那对老夫妻，在妻子买错票之后，简简单单说一句"不要紧"，可能就不会有那么多怒骂。而这种怒骂，可能是他们日常生活的一部分。

如果朋友的母亲懂得对她的丈夫说"不要紧",可能也不会彼此差评了几十年。

婚姻是长达几十年的日夜相处,极大地考验人的耐心。完美的爱情会有,但婚姻不会。婚姻中总会有各式各样的问题存在,总会有那么多不称心、不如意。但不管怎么样,两个人走到一起,就是缘分,如果能够彼此点赞,在遇到困难的时候,多说一些"不要紧""没关系",彼此之间可能也不会那么剑拔弩张。

婚姻里不需要一个无比正确的人

1

小时候,在村里,我们邻居家的男人,是典型的觉得自己无比正确的人。我们在隔壁,经常可以听到他是怎么数落妻子和孩子的。妻子做菜稍微咸了一点,被他一顿骂:做了这么多年菜了,还不知道放盐?孩子作业稍微出错,被他一顿批。最常听到的一句话是:"这你都不懂,白活了!"就他好像什么都懂,什么都是权威,什么都正确一样。

后来我离开了村子,有一年回去,遇见了邻居家最小的女儿,她十五六岁就嫁人了。问她为什么要这么早嫁人,她说,在家里,总是挨批挨骂,做什么都不对,还不如早一些嫁人。

一个自认为无比正确的父亲,完全不会去理解孩子的内心,也不会理解妻子的苦心,他活在自己的"正确"世界里,觉得家里的人都是他的奴隶,也是他可以随意支配和打骂的人,因为他认为自己永远都是正确的。

多年后,我自己也结婚了,才真切地明白了这些貌似正确,但是伤人的话是怎么疏远两个人的关系的。譬如"这么简单的你都不懂啊,真没脑子!""我不是说过很多次了吗,你干吗还是犯类似的错?""停车都停不好,真是笑话!""都提醒你几次了,还是这样差劲。"等等。

总会有一个人扮演批评者的角色,批评你这也不是,那也不对,而他总是对的,正确的。就算自己错了,也会掩饰过去。

2

在婚姻里,我们真的不需要一个无比正确的人,也不需要一个批评者的角色。

当你觉得自己非常正确,总是批评对方的时候,可能也是两个人感情正在疏远的时候。恋爱的时候,可能没觉得对方这么烦人,因为那时候会把自己不好的一面隐藏,而一旦结婚,两个人朝夕相处,所有的缺点都暴露了,什么都隐藏不住。这时候某一方如果扮演一个批评者的角色,太容易了。因为批评一个你无比熟悉的人,总比批评你不算熟悉的朋友或同事容易得多。

以前接情感热线的时候，接触过一个案例：女人自己开工厂，有钱，强势；男人是事业单位普通职工，收入和地位都没女人高，男人自然做什么都会被批评。出去应酬吃饭，被批；和球友打网球，被批；周五稍微迟点去接孩子，被批。男人在家里，活得完全没有地位。最后，男人找了一位完全不如妻子的女人做情人。女人很不理解：我这么优秀为什么他还会找其他女人呢？男人就很明确说了：我在她那儿可以得到尊重，得到理解。

有些女人觉得，我不就是经常批评下自己的老公嘛，有什么不对的呢？当然有不妥之处。做得不好是应该批评。但问题是两个人的生活，如果把什么都拿出来分对错的话，还怎么过日子呢？

3

很多人可能在朋友、同事面前和蔼可亲，也不会经常批评、挖苦他人，但是在自己的另一半面前，却扮演了一个自以为很正确的角色。无论对方做了什么，总是觉得这里不对，那里有问题，总是不会满意，久而久之，会让另一半觉得，这样生活下去有什么意思呢？

这种家庭式的正确和权威，在很多由男性主导的家庭非常普遍。很多女性在这样的家庭里活得压抑，但又不敢说，因为在外人的眼光看来，男人不嫖不赌，还每个月拿钱回家，已经算是很不错了，但生活在其中的女人，那种憋屈和苦闷谁又知道呢？

以前接触过的一个案例就是这样。男人觉得自己赚钱回家、养家，很辛苦，理所当然应该享受女人的服务，不做家务，不带孩子，回家只顾玩手机、看电视，而一旦女人稍微有一点不顺他的意，就是骂、批评，并且还加一句：你怎么做个家庭主妇都做不好，作为女人有什么用？好像女人在家做家务，就天生比他低一等一样。这种男人能够一直坚持自己很"正确"的模式，只不过是大多数女人选择长久地忍耐而已。

4

实际上，在婚姻里最不需要的就是这种所谓"权威"的存在。阿德勒写过《自卑与超越》，其中写婚姻家庭，写母亲、父亲角色的那几个章节都非常好。

阿德勒是这样看待婚姻关系的："由于婚姻是平等的合作

关系，所以没有哪一方应该凌驾于另一方之上。这一点应当值得更深入地探讨，而不是满足于我们已经习惯的状态。在家庭生活的所有行为中，最不需要的就是权威的存在，如果家庭中某一位成员特别重要，或是被认为其价值远远大于其他家庭成员，那就太不幸了。"

如果每对夫妻都能够明白这个道理，很多冲突应该是可以避免的。很多夫妻之间吵架、冷战，不过是因为一些鸡毛蒜皮的小事，但往往就是一方觉得自己很对，另一方又觉得自己委屈，然后造成了相互之间不理解。

特别是在男性主导的婚姻里，更是如此，男人赚钱比女人多，心里觉得地位就比女人高，在家自然就会高其他人一等。在阿德勒看来，这种想法本身就是错误的："我们当前的文化已经过度强调了男人的优势地位，结果就是，当他与妻子结婚时，她很可能已经怀着某种程度的担忧，害怕自己被操控而处于劣势。他应当知道，哪怕妻子因为身为女性，或许无法像他那样赚钱养家，也不能代表妻子有丝毫逊色于他。如果家庭生活是真正和谐平等的，那么无论妻子是否对家庭经济收入有所贡献，都不会存在谁赚了钱，钱属于谁这一类的问题。"

既然婚姻里不需要一个无比正确的人，家庭中也不需要权威，那一段婚姻里，应该如何相处呢？阿德勒说："家庭中无需权威,却需要真正的合作。""爱情,以及它在婚姻中的圆满,是对异性伴侣最亲密的奉献,具体表现为生理上的吸引、相濡以沫的陪伴,以及生儿育女的共同愿望。"

婚姻是长达几十年的相处,你想隐藏自己的缺点都隐藏不了。恋爱的时候,你会把自己最好的一面呈现给对方,让对方喜欢上你,觉得你很有魅力很有前途,但在婚姻里,你再怎么刻意展现,身边的人也会对你的缺点知道得一清二楚。有句俗话,"身边无伟人",如果让那些贴身秘书来写所谓伟人的生活,对他们来说他们所写的对象也只是普通的凡人而已。

知其短,而不揭短;知其弱,而不逞强;知其错,而不指责。我们对朋友能够做到的事,如果夫妻之间也能够这样做,大概争吵会少很多。我们经常说,愿你被世界温柔相待,而我更希望,你被另一半温柔相待。

在日渐消磨的爱情里,寻找一起过下去的意义

1

爱情不需要理由,但嫁给一个人需要。我想大部分人结婚是因为爱情吧。

他追你,你也爱他,他求婚,你答应,过程大都这样。当然还有是等候的无奈。反正到了一定年龄了,总得找个人结婚。那个人不好不坏,刚好出现,就他吧,反正和谁结婚都是过日子。

就如翠芝和世钧,翠芝刚闹了一次退婚,世钧刚失恋,以为曼桢把他抛弃了。然后两个人在家人的撮合下,结婚了。很多年后,世钧回忆说,那一阵子很痛苦,天天到爱咪家打网球,"有一个丁小姐常在一起打网球,现在回想起来,当时和那个丁小姐或者也有结婚的可能。此外还有亲戚家几个女孩子,有一个时期也常常见面,大概也可能和她们之间任何

一位结了婚的。"但他就是和翠芝结婚了。

多少婚姻就是这么阴差阳错。我一位朋友就是谈了一场轰轰烈烈的恋爱，却和另外一个包容自己的人结婚了。

当你决定嫁给他，决定和他共度一生的那一刻，相信你应该是爱的。现在都讲回归初心，那在婚姻里也回归一次初心吧。

说吧，你为什么嫁给他？那时候他说的情话打动了你，还是他挺拔的身材让你满意？而现在，他发胖，他秃顶，他不改懒惰的习性，你还会去爱他吗？

你是看中他有钱还是看中他对你好？而现在，他改变了，你依然去爱，还是决定放弃？你是看中他细心耐心还是温柔体贴？而现在，他是仅仅作为孩子父亲的存在，还是作为丈夫的存在？

我们不是波伏瓦和萨特，也不是阿伦特和奥登。我们只是普通人。在日渐消磨的爱情里，寻找一起过下去的意义。灵魂的伴侣，精神的契合可能离很多夫妻都很远，但并不妨碍很多夫妻相伴走下去。

2

劳伦斯的半自传体小说《儿子与情人》里的莫瑞尔太太

一开始也是因为爱情结婚的。

二十三岁那年,莫瑞尔太太在圣诞舞会上遇见了一位来自爱沃士山谷的年轻人。莫瑞尔当年二十七岁,身板结实,体态挺拔,长得十分潇洒,一头波浪似的黑发闪着亮光。在那时候的莫瑞尔太太看来,他待人温和,虽然少了点书卷气,可热情豪放,有点嘻嘻哈哈的。眼前这个男人身上燃烧着充满情欲的生命之火,散发着幽幽的柔情蜜意。一切多美好。

第二年圣诞他们结婚了。婚后的三个月她幸福无比,在半年当中她都是高兴的。他是个心灵手巧的人,什么都会做,什么都能修。结婚之后也不去矿山俱乐部和那些狐朋狗友鬼混了。一下班就回家。

如果一段婚姻能够这么持续该多好,但总是事与愿违。第七个月,她收拾丈夫的衣服的时候,发现了欠款的账单,才知道,原来自己所住的房子不是丈夫所有,而是她婆婆的。莫瑞尔太太心里开始有些不舒服了。

而这仅仅是开始。莫瑞尔开始和俱乐部的那些人出去喝酒,经常半夜才回来。他还开始海阔天空地吹牛。这时候莫瑞尔太太开始鄙视丈夫。她苦涩地想,他没有长性,干事心血来潮,全凭一时的兴致,无论做什么都缺乏持久性。他虚有其表,腹中无一点见识。而且脾气越来越火爆,孩子稍微有点麻烦,他就骂骂咧咧。

丈夫喝酒越来越凶了。而她慢慢地把所有的情感都投注到儿子身上。

一次，两个人为孩子大吵了一架。莫瑞尔跑到外面去喝酒，喝到下午两点半，回家吃饭，两个人几乎不说话，莫瑞尔太太四点上楼去房间时，他还睡得像死猪一样。莫瑞尔太太想，只要他说上一句"老婆，对不起"，她的心就会软下来的。可他态度死硬，总觉得过错在她。就这样，他糟践自己，而她不闻不问，任由他走向崩溃。二人的感情出现了对峙的僵局，她在僵局中是强者。

一旦不再爱了，所有的细节好像都成了厌恶的理由。莫瑞尔太太甚至觉得莫瑞尔用冷水洗脸、用沾水的梳子梳头发、弯腰系鞋带的样子都很粗俗，她默默地在一旁看着他和家中其他人格格不入。

随着几个孩子都慢慢长大，莫瑞尔还是那样，有兴致就陪孩子们玩一下，没兴致就和工友们去喝酒。有一次，他喝了酒，发酒疯打了莫瑞尔太太。

那时候大儿子威廉已经二十岁，二儿子保罗也已经十六岁了，看着母亲被欺负，两个孩子要联合起来打父亲。威廉对父亲吼道："你这个懦夫，只要我在家，就不许你横行霸道。"莫瑞尔也大吼大叫道："小兔崽子，你再敢没大没小，我就让你尝尝拳头的滋味。"莫瑞尔准备出手，威廉也握紧了拳头，保罗在一边也跃跃欲试，两个孩子想把父亲打倒，因为他欺负母亲，但还是被母亲拦住了。

威廉气愤地说："为什么你不让我跟他干一仗？我不费吹灰之力就能打败他。""看你说的，他可是你的生身父亲！"莫瑞尔太太回答道。

虽然已经没有了爱，但她不想让他受伤害。宽容是比痛苦更绝望的感情，痛苦是因为你还爱他，宽容是你已经彻底不再爱他。

莫瑞尔太太对大儿子威廉说："我的孩子，别忘了你的命运掌握在自己手中。……婚姻陷入不可救药的绝境，是天底下最为可悲的事情了。上帝知道，我的婚姻就够不幸了。你应该从中吸取教训。"

从无话不说,到相顾无言,中国式婚姻困局

1

说实话,结婚多年的你,已经多久没有和你的另一半好好沟通了?你还会和他(她)推心置腹地沟通交流吗?还会渴望他(她)的每一条信息吗?

在恋爱的时候,他什么话都想跟你说,每天电话、短信不断,恨不得自己做的每一件事都和你分享。那时候觉得,结婚以后肯定也会这样一直交流下去。但某一天你突然发现,两个人已经相顾无言了。每天回家,各自拿着手机玩到很晚,各自上床睡觉,各自在自己的圈子里,而很少坐下来好好地交流,甚至最近忙什么都已经懒得说了。

朋友 L 发现自己已经很难和丈夫沟通了。她一直喜欢阅读,但丈夫总是反对。很多次一家三口出去吃饭,她和十岁的儿子做一些互动,因为孩子正处于好奇心很强的年龄,就

与他讨论一些读书心得。旁边的丈夫就不断泼冷水:"这么简单还需要教啊,你老爸我从不读那些书,还不是一样赚钱了。"L彻底无语,自己无知就罢了,还妨碍她教育孩子,都不知道和他交流什么好。

恋爱的时候,真不是这样啊。他装作博学的样子,你读什么书,他很有兴致地说要借来读读。你说什么话题,他也可以马上接上。两个人年龄相当,同一年毕业,经历也大致相似。但随着岁月流逝,你发现很多所谓的爱好,他只是在恋爱的时候,表现出很喜欢,其实并不喜欢。结婚多年了,他在精神领域上从来没有过进步。

很多男人把主要精力都放在自己的事业上,或者觉得在家里已经不再需要好好说话,就把取悦另一半的精力都用到其他地方去了。

我记起多年前一个博士生导师的妻子说的话:"他把风趣、幽默、睿智,给了他的学生和他的事业,回到家里,他就是一个无趣的中年老男人。"

事实就是如此,大部分男人在外幽默风趣,侃侃而谈,而在妻子面前,不过是个无趣的男人而已。费孝通在他那本《乡土中国》里写道:"夫妇大多是用不着多说话的,一早起各人忙着各人的事,没有工夫说闲话。出了门,各做各的。妇人家如果不下田,留在家里带孩子。工做完了,男人们也不常留在家里,男子汉如果守着老婆,没出息。有事在外,没事也在外。茶馆、烟铺,甚至街头巷口,是男子们找感情上安慰的消遣场所。"

　　中国男人习惯性地在外找精神的慰藉,而不是和家里人好好沟通说话,而很多女人也接受了这个事实。从无话不说到相顾无言,中国式婚姻的困局,从古至今一直延续。

2

　　爱情这件事在许多人的婚姻里并不重要,重要的是一份完整的婚姻。

　　一位女性朋友说:想找一个能在我读书时坐在我身边的人,看到哪里写得好,能拉过来让他看。就像男人也想找一个能够一起熬夜看足球赛事的女朋友一样。

　　这些在恋爱的时候都不难做到。你读书,他陪着,和他分享书中的内容,谈论那些悲伤的爱情故事。男人看球,女生陪着熬夜,他讲什么叫越位,讲球星的名字和各种历史,她认真听着。恋爱的时候总是想表现出最好的一面,拼命找两个人的相似点,总觉得相见恨晚,原来两个人这么相似。

　　但夫妻多年后,你读到的书,他已经没有欲望去了解了,并且还在那儿说三道四:你看那么多书,浪费那么多时间,也没见你成为作家。而他熬夜看足球赛，也被她鄙视和反对：这么大岁数的人了，还学什么年轻人熬夜看球，明天不也还要上班吗？

后来就干脆各自忙着各自的事。在婚姻里还能一起分享书里的内容，还能一起看球，那是很理想的状态。

稍微好点的婚姻状态是，他不反对你，不打扰你。你安静读书，做自己的事情，他能够理解支持，而不是挖苦讽刺。很多人在婚姻里对自己熟悉又亲近的人，往往去讽刺挖苦。

恋爱的时候，他说会把自己的坏习惯都改掉。譬如不玩游戏，不抽烟，不打牌。结婚多年后，你会发现他又开始走火入魔地打游戏了，打游戏比陪伴你有意思多了；你会发现他又喜欢彻夜打牌了，陪牌友比陪你自在多了；你会发现他越来越懒了，恋爱的时候从没觉得，但现在发现他袜子乱放，衣服不洗，所有的家庭琐事都推给了你。

结婚多年才发现，天下男人原来一般模样：恋爱时，见面特意梳洗一番，喷香水，嚼口香糖。你的"公主病"犯了，真的能把你宠成公主。你半夜想吃冰淇淋，可以走遍周边的店帮你买一支回来。结婚很多年后，柴米油盐，管孩子做家务，他渐渐迟钝，而你的喜怒哀乐渐渐和他无关，慢慢地两个人成了家庭合伙人，不再是爱情的男女，更像是生意上的搭档。不过就算是相顾无言，也总比吵架、冷战的好，所以就接受吧。

一个女人希望有婚内精神生活往往就被批评和鄙视一番，你家老公不错啦，不嫖不赌，每个月按时交家用，这大概是传统意义上的好男人了。但，说好的爱呢？说好的爱情呢？难道就这样被一个按时交纳家用，从不主动示爱的男人消耗掉了吗？

男人成长要么太快，要么太慢，很少和女人的节奏一致。男人在欲望最旺盛的时候，其实女人并不太懂自己的身体需求，而当女人懂得的时候，很多男人已经沉浸在啤酒和麻将当中，不理女人了。

3

天下没有不努力而美满的婚姻。以为爱情很美好，就可以把婚姻过得很美好，往往是一种误解。婚姻更需要两个人的努力。这种努力包含物质上的相互支持，也包含精神上的共同进步，还包含价值观上的相互认同。

实际上，很多夫妻彼此间越走越远。有些男人，在外面是思想上的智者，而在家庭里可能是一个不合格的丈夫。就如教育家苏霍姆林斯基所说的："人是复杂的，人在家庭生活中的面貌才是他真实的面貌。遗憾的是，我们社会有不少这样的人，在外面像个思想崇高的战士，在家里却是十足的利己主义者或暴君。"

结婚以后，青年人应该更加努力地创造爱情，而不能只是消费爱情。在婚姻生活中，生产也应该大大多于消费。不努力积累精神财富，却要使两性关系高尚、持久是不可能的。你会在婚后的某一个时刻，突然发现自己已经山穷水尽，再也没有什么值得向妻子或者丈夫展示的了，再也不能给家庭生活增添什么新的内容了。于是，曾经难分难舍的两个人变得水火不容，甜蜜的婚姻变成了地狱。

要解决这种从无话不说到相顾无言的困局，还得看看教育家苏霍姆林斯基的说法："诗一般的爱情，转眼即逝。……都以为结了婚，爱情再也没有了阻拦，他们要做的，只是在精神和肉体的亲近中享受无尽的快乐。然而让他们吃惊的是，婚后生活并没有想象中的那样令人陶醉，肉体的结合也没有了新鲜的感觉。他们忘记了，既然把爱情比作火，当然它也就需要不断添加燃料。爱情的燃料就是丰富的精神生活，没有它，爱情之火会很快熄灭或者冒出黑烟，使自己和别人窒息。除了爱情之外还有丰富精神生活的家庭，才是巩固的家庭。"

爱情如火焰，只有不断添加燃料才能让这爱情之火不断燃烧，要不迟早会熄灭，漫长的婚姻更是如此。

结婚十年

1

她和张爱玲并称为"海上姐妹花",她说"男人是坏的,因为他们用情不专、不永久",她就是与张爱玲齐名的海派女作家苏青。张爱玲说:"把我同冰心、白薇她们来比较,我实在不能引以为荣,只有和苏青相提并论我是甘心情愿的。"(《我看苏青》)可见,张爱玲对苏青的重视。

现在再读苏青谈论男人和女人、谈论两性婚姻的文章,一点都不过时。

记者问:"假使你有个妹妹,要你替她择配,你会提出什么条件呢?"

苏青说:"丈夫是宁缺毋滥,得到无价值一个(整个),还不如有价值的半个甚至仅三分之一。……我的主张是尽自己能力观察,观察停当(自以为停当)就结婚,虽然总想天长地久,不过就不长久也罢,多嫁几次只不过是自己的不幸,既非危害民国的事,亦无什么风化可伤也。"

记者问:"依照女人的见解,标准丈夫的条件怎样?"

苏青说:"第一,本性忠厚;第二,学识财产不在女的之下,能高一筹更好;第三,体格强壮,有男性的气魄,面目不要可憎,也不要像小旦;第四,有生活情趣,不要言语无味;第五,年龄应比女方大五岁至十岁。"

这次记者和苏青、张爱玲一起的访谈,时间是 1945 年 2 月 27 日,地点是张爱玲的公寓。苏青自己结婚,离婚,在婚姻里十年的她,深知婚姻的各种滋味,而她又是那个时代刚刚觉醒的新女性,在两性关系上有着难得的通透。张爱玲说:"杨贵妃的热闹,我想是像一种陶瓷的汤壶,温润如玉的,在脚头,里面的水渐渐冷去的时候,令人感到温柔的惆怅。苏青却是个红泥小火炉,有它自己独立的火,看得见红焰焰的光,听得见哗哩剥落的爆炸,可是比较难伺候,添煤添柴,烟气呛人。"(《我看苏青》)

2

在民国的众多才女中,苏青或许不是最引人注目的,但她的才情无疑是经得起时间检验的。《结婚十年》出版后成为当时最畅销的书,张爱玲的书都比不过,张爱玲说:"苏青的书能够多销,能够赚钱,文人能够救济自己,免得等人来救济,岂不是很好的事么?"

苏青出生于浙江宁波鄞县的一个书香门第。1933年,苏青考入民国第一学府国立中央大学(现南京大学)外文系,被媒体和同学称为"宁波皇后"。那时候的苏青,是快乐的,是朝气蓬勃的,前途一片光明。然而,她在大学里如日中天的名气引起了夫家的担忧,为了防止变故发生,他们决定让还是一名大一学生的苏青与未婚夫李钦后成婚。对于李钦后,苏青是喜欢的,两人也算得上青梅竹马,于是她嫁了,也退学了。

《结婚十年》中的怀青和崇贤有着苏青和李钦后的影子。这部自传体小说,说出了很多婚姻的真相。

怀青和崇贤举办了一场旧式婚礼,抬花轿,拜天地。那时崇贤二十岁,怀青十八岁。"假如我们都有六十岁寿命的话,便足足要做上四十年的夫妻。"但婚后不久,怀青就发现自己的丈夫和寡妇瑞仙有染。而且是在和她结婚之前就有关系了。"他的心目中原来只有一个瑞仙呀!"怀青觉得自己仿佛置身在茫茫无边的大海中央,漂流着,没有归宿。

怀青决定回到大学继续完成自己的学业。然后开始了两地分居的生活。怀青上学期间,喜欢一位男同学应其民,后来两人在玄武湖玩的时候，怀青突然不舒服，被送到鼓楼医院，发现怀孕了，后停学回家生育孩子。怀青和其民这段暧昧的感情也告结束。

公公找人算命说是男孩子，可生下来是个女孩——簇簇，找奶妈养了。她先生崇贤在上海读书，学习法律，还没有毕业，在中学兼职教书，每月有三十元的收入。怀青生完孩子后决定找份工作，在县城教书，教小学，不过教了两个月后就停了，后来还是决定去上海与先生一起。

3

婚姻就是柴米油盐，在战乱时代，更是如此。怀青在上海租房子，买煤球生火，过上了小家庭的日子。男人崇贤的收入不多，只能省吃俭用，怀青觉得开口向崇贤要钱很难为情，崇贤也怕向家中开口，只顾到自己为难，不顾别人为难。每当怀青向他要时，他总变了面色很不好看，"你向我要，我又向谁要？"

矛盾终于爆发了。保姆林妈说，大米快吃完了，怀青就转身告诉他，家中米没有了，林妈还在现场，崇贤把脸一沉道："没有米你去买呀！"怀青看着还有林妈在场，忍住怒火说："钱呢？"不料崇贤说："那个我可不知道。"怀青觉得心里一阵难堪与委屈，伤心掉下泪来，崇贤见她哭，不但不感到懊悔，反而无名火一丈高，指着她骂道："你嫌我穷就给我滚蛋！我是人，你也是人，你问我要钱！"说着还动手打了怀青。

崇贤赌气出走，很晚才回家，而且喝得醉醺醺的。从裤子里摸出一卷钞票向怀青一丢，说："拿去吧！"怀青想发火，但看着丈夫也不容易，起了怜惜之心，就接过钱。崇贤装着醉糊涂的样子，过来抱抱她，说些道歉的话，两个人就算言归于好了。但怀青心里始终不能释怀，心里想一定要赚些钱给你看看，一则争个面子，二则也用得舒服些。

4

怀青开始找赚钱的方法，她喜欢读书，虽然崇贤从来不支持她读书，他很不高兴怀青在家中看书看报，俨然学者的样子，不喜欢怀青有"大志"，也不愿意怀青上学。崇贤为了不让怀青看书，干脆把书柜锁了起来，怀青心里反感，他自己整日不读书，书尽闲着又不给人翻。她心里一横，试着给杂志投稿，然后每天省下几文小菜钱，凑整买杂志。

连续买了几期杂志，依然不见自己的作品刊出，等到第四期，正准备放弃的时候，赫然发现自己的名字竟然在杂志上！怀青马上买了本杂志，回家和林妈说出自己的喜悦。过了十天左右,稿费到了,五元钱!怀青欣喜不已,觉得世界上最光荣最伟大的事情就不过如此。

过了两天,杂志社寄了封信来,说请她以后多投些文章。怀青开始了自己的写作生涯。

夫妻之间最痛苦的事,便是你做点自己喜欢的事,对方不支持也就算了,还不断地反对。怀青自己的事业有点起色,而崇贤大学毕业后做了老师,也有了稳定收益。一次,怀青说:"我们这样还不好吗?你好好地教书,我好好地写文章,大家再努力向上也没有的了。"崇贤听了默然半晌,最后用坚决的口气对怀青说:"请你以后再别提写文章了吧,要钱我给就是。"

崇贤不让怀青给编辑写信,不让投稿,甚至阻止她和任何报纸杂志接触。"第一他不许我与文字接触!早晨报纸来了,我正展开看时,他醒了,朦胧着眼向我要,我递给他,他却把它塞在枕头底下自睡熟了。等到他吃完饭走出门去的时候,却又把报纸挟在腋下带去,虽然我知道他学校里多的是,然而也不情愿启齿请求他留下。"

有的时候怀青气愤地对他说:"你既然不喜欢女人看书看报纸,干吗当初不讨一个一字不识的乡下姑娘呢?"他说:"女人读书原也不是件坏事情,只是不该一味想着写文章赚钱来与丈夫争短长呀。我相信有志气的男人都是宁可辛辛苦苦设法弄钱来给太太花,甚至给她拿去打麻将也好,没有一个愿意让太太爬在自己头上显本领的。"

5

怀青刚刚燃起写作热情,被这样一点点地消磨下去,她觉得生命渐渐失去光彩了,有时候静下来,心头像有种说不出的怅惘,仿佛有一句诗影影绰绰地在脑中闪现,但是记不起来。而崇贤这时候反而夸奖她的改变:"好一个贤妻,要不要再做良母呢?"只是怀青在婚姻里已经感到索然无味。

怀青常常叹气,眼睛迟钝了,脸色苍白了,一个生机勃勃的生命就在不被理解的婚姻里枯萎了。

这段婚姻,怀青一开始就在忍让,她知道崇贤和寡妇瑞仙有牵扯不清的关系,但是在那个时代,她忍了。两地分居,她在南京,崇贤在上海,她自己带着孩子住在婆婆家,男人在外求学求功名,她忍了。生活艰辛,柴米油盐,每天都等着丈夫给点钱买米,自己没钱,崇贤的坏脾气,她忍了。崇贤在洋行里做事时,经常陪经理去舞厅,和舞女跳舞,深夜才归,她也忍了。后来崇贤自己出来开律师事务所,赚的钱越来越多,在上海买了别墅,是完全可以让怀青不上班,在家做少奶奶了。但是这时候,她提出了离婚,因为她在婚姻里已经完全得不到自己想要的生活。

离婚并不可怕。在一段婚姻里，你已得不到任何有价值的东西，而是不断地在消耗你的生命，像苏青那样，生命已经失去了光彩，那选择结束，并不是什么坏事。在上世纪四十年代，苏青勇敢地离婚了，然后有了她事业的高峰，成为当时的畅销书作家。如果她还是遵照旧式女子从一而终的观念，估计世上多了一个默默无闻忍耐一生的妻子，而少了一位上海滩的女作家。

婚姻外的爱情，责任胜利

1

婚姻以外是会有爱情的。在我接触的无数人里，我以前见过听过的无数案例，都告诉我，爱情是很多样的，肯定包括婚姻之外的爱。

前段时间，一位很熟悉的朋友，跟我说了她的故事。

从表面上看她很幸福，老公是某公司高管，自己学历高，工作也很好，有一个可爱的女儿。她上班自由，所以接送女儿、给女儿做饭、带女儿学习的任务都是她的。她也完成得很好。但在婚姻之外，她有一个联系了很久的爱人。因为她和老公实际上已经貌合神离了。老公经常出差，一个星期，或者半个月回来一次，回来也很少交流。不知道从什么时候开始，两个人已经开始没话说了。

就在那段时间，她有了婚外的爱人，很爱很爱的那种。

她说，如果那男人说娶她，她可以带着女儿离开丈夫。但是那男人没同意。因为他也是有家室的。后来故事并没有按照她的想象发展。他们俩还是步入了厌倦期。

有一次，她意外怀孕，不敢和自己家人说，也不敢让男人来医院，只能自己承受。那段时间，情绪低落的她做了个决定，还是了结了这段情。因为男人也开始退缩了，得知她想结婚之后，男人觉得负担太重，便开始冷淡了。原来男人并不想真的进入她的生活。

她说，自己去外面爱了一圈，三年了，还是回到了原点。但也并不后悔，因为不去爱，这三年也是荒废，也是日日守着空房。那个家，那个叫作老公的男人，已经只是作为孩子的父亲存在了。

2

这让人想起张爱玲的《红玫瑰与白玫瑰》里面的振保和娇蕊。当初两个人相爱也是娇蕊在婚姻内，而振保借住她家。振保知道娇蕊在外面有过除了丈夫以外的爱人。娇蕊挑逗振保，振保刚开始还像对待当年的红玫瑰一样，做一个柳下惠。但后来他终究还是和她在一起了。"他眼睛里生出泪来，因为他和她到底是一处了，两个人，也有身体，也有心。"

娇蕊每日等着振保回来，因为丈夫长期在外。她说："我真爱上你了。你知道么？每天我坐在这里等你回来，听着电梯工东工东慢慢开上来。开过我们这层楼，一直开上去了。我就像把一颗心提了上去，放不下来。"

这一次娇蕊是真的爱上振保了。之前虽也有过婚外情，但仅限于身体关系，并没有把自己全部交出去。但这次，现在这样的爱，娇蕊还是生平第一次。她自己也不知道为什么单单爱上了振保。"我爱你，知道了么？我爱你。"这是娇蕊对振保说的话。她说："我正在想着，等他回来了，怎么样告诉他——"她想要跟丈夫离婚，嫁给振保。但这时候振保开始退缩了。他说这事莽撞不得，先去找个律师谈谈。

但娇蕊等不及了，还是写信给丈夫，告诉了她要离婚的想法，想让他给她自由。振保这时候却要彻底退出了，他把自己的母亲都搬了出来。他说："娇蕊，你要是爱我的，就不能不替我着想。我不能叫我母亲伤心。"

娇蕊还是和丈夫离了婚。而振保也在家人安排下娶了位门当户对的小姐，但却总缺少了点激情。这时候他想起娇蕊的好了，那个热情似火的娇蕊。

一次振保和弟弟在公交上遇上了娇蕊。弟弟知趣地先下车了。振保沉默了一会，并不朝她看，向空中问道："怎么样？你好么？"娇蕊也沉默了一会，方道："很好。"振保道：

"那姓朱的，你爱他么？"娇蕊点点头，回答他时，却是每隔两个字就顿一顿，道："是从你起，我才学会了，怎样，爱，认真的……爱到底是好的，虽然吃了苦，以后还是要爱的，所以……我往前闯，碰到什么就是什么。"

两人分开，下车。这时候振保才知道自己真正爱的是谁。而振保不久后发现自己的妻子也和裁缝好上了。

他花天酒地，开始了自暴自弃的生活。无数的烦恼与责任像蚊子一样嗡嗡飞绕，叮他。他砸不掉自造的家，他的妻子，他的女儿，他只能砸碎自己。

3

每个人都在渴望爱情。无论婚姻内外，无论年龄大小。但爱情之外，还有责任。

关于爱与责任，让我想起了《廊桥遗梦》。罗伯特是一个自由摄影师，到世界各地去拍桥梁。这次来到了弗朗西丝卡所在的城镇。他迷路了，找人问路，刚好问到她。

在二十年的封闭生活中成长，含蓄的弗朗西丝卡说：如果你愿意的话，我可以领你去。她自己都不知道为什么就会领一个陌生人去廊桥。到廊桥后，他送了她一束小野花：谢谢你给我做向导。

她感到体内有点什么动静。花,没有人给她献过花,即使是特殊的日子也没有过。然后两个人这样认识了。那年她四十五岁。

弗朗西丝卡的丈夫对性生活的兴趣不大,大约两个月一次,不过很快就结束,很简单,不动感情的。她对于他更像一个生意合伙人。如果没有罗伯特的出现,她可能就那样一直生活下去。沉睡的身体也不会有人来唤醒。她带他回家,吃饭,喝酒,在厨房里跳舞,在户外的草坪上看月亮。两个人在一起四天四夜。她很多年前已经失去的情欲现在又回来了。

她爱他是精神上的,绝不是俗套。他也是爱她的。"我在此时来到这个星球上,就是为了这个,弗朗西丝卡。不是为了旅行摄影,而是为了爱你。我现在明白了。我一直在从高处的一个奇妙的地方的边缘往下跌落,时间很久了,比我已经度过的生命要多许多年,而这么多年来我一直在向你跌落。"

她品尝到了作为一个女人最幸福的滋味,那是她一生中最美好的记忆。他体贴强壮,懂得表达爱意。但四天很快就过去了。弗朗西丝卡的丈夫和孩子们都要回来了。最后一晚,罗伯特问她:"我们怎么办?"她说:"假如你把我抱起来放进你的卡车,强迫我跟你走,我不会有半句怨言。你光是用语言也能达到这个目的。但是我想你不会这样做,因为你太敏感,太知道我的感情了。而我在感情上是对这里有责任的。"

"这里的生活方式枯燥乏味，我的生活就是这样。没有浪漫情调，没有性爱，没有在厨房里烛光中的翩翩起舞，也没有对一个懂得情爱的男人的奇妙的感受。最重要的是没有你。但是我有那该死的责任感，对理查德，对孩子们。单单是我的出走，我的身体离开了这里就会使理查德受不了，单是这一件事就会毁了他。"

第二天，他来告别，说："我该走了。"她点点头，开始哭起来。她看见他眼中有泪，但是保持着他一直特有的微笑。

他开车走了。当天薄暮时分丈夫和孩子们都回家了。接着，丈夫开车到工具店一趟，她也跟着去了。路上遇上了罗伯特的那辆卡车，丈夫不知道那是谁的车，还跟着开了很久。在一个交叉路口，罗伯特的车停住了。雨更大，雾更浓了。

他就在前头，离她只有三十英尺。她还可能做这件事：跳出车去，上他的车跟他走！但是她端坐不动，她的责任感把她冻结在那里，眼睛死死地盯着那扇后窗，她一生中从来没有这样死盯着任何东西看过。她双眼被泪水、雨水、雾气迷糊了。罗伯特已经完成了转弯，加速开走了。

"再见，罗伯特·金凯德。"她轻轻说道，然后哭了。丈夫问她怎么了。她说："我只需要自己待一会儿，过几分钟就会好。"

当婚外的爱情,遇上责任,责任胜利了。

为了他,她什么都愿意做,甚至毁掉她自己也在所不惜。但是她的责任,她不会毁掉丈夫和孩子,不会毁掉她的家庭。

那是一种绝望的爱。他走了,到一个遥远的地方,带着对她的思念。死的时候,他把所有遗物都留给了她。那张她钉在廊桥上的纸条,他留做了永久的纪念。

"当白蛾子张开翅膀时,如果你还想吃晚饭,今晚事毕之后可以过来,什么时候都行。"这是他唯一拥有的她的东西,也是证明她存在的唯一见证。所以他至死都留在了身边。

"我有感激之情,因为我至少找到了你。本来我们也可能像一闪而过的两粒宇宙尘埃一样失之交臂。……每天,每时,每刻,在我头脑深处是时光无情的悲号,那永不能与你相聚的时光。"罗伯特说。

"旧梦是好梦,没有实现,但是我很高兴我有过这些梦。"爱情也是,来了就来了,不管怎样总比什么都没有过的好,但什么时候都别忘了自己的责任。

婚姻里最美的话是：我支持你

1

两个人在谈恋爱的时候，可能对方说一句，我养你啊，会让你觉得这个男人很有责任感，会让你感动得想要立马嫁给他。实际上，在漫长的婚姻里，我养你，真不是一句很美的话，当一个人沦落到要被另外一个人养，也不是什么好事，虽然在婚姻里可以心安理得。

朋友 F 在和男朋友谈恋爱的时候，男朋友非常爱她，到了非她不娶的地步。F 第一次带男朋友去见她父母，男朋友见到她父母后，就说自己如何爱他们的女儿，一定会对她很好，会养她一辈子。

母亲听了也开心，有人对自己女儿这么好，女儿这辈子值得托付了。

最后男朋友说了一句：这辈子如果我不和她结婚，我就从你们楼上跳下去。两位老人吓了一跳，不知这孩子怎么会有这么极端的想法。等男朋友离开后，F的父亲郑重地找到F说，这男人你不能嫁。F很纳闷：为什么，他不是说会对我很好吗？父亲说：这孩子容易走极端，占有欲特别强，你嫁过去就算他对你再好也会受委屈。

但沉浸在爱情中的F完全不听，大学毕业后还是嫁给了那个说会对她很好的男朋友。刚开始一年还算正常，和父母也有来往。后来，因为工作关系，F跟老公离开了父母生活的城市。

从此以后，F知道了父亲那句话的预见性。因为老公几乎不再让她独自一个人来她父母生活的城市，说是担心她。每次只要F出门超过一天就一定要她回家。每次F出门超过一个小时，必定要盘问到哪里了，见了什么人。总之，她的一切行踪都必须报备。

说是很爱她，只不过是把她当作私有财产占有而已。阿德勒说："婚姻关系中没有奇迹。正如我们所见，每个人对待婚姻的态度都是他们生活方式的呈现，因此，只有在了解了整个人之后才能了解他对婚姻的态度。比如，我们能看到总是有那么多人想挣脱婚姻。我能准确地分辨出具体哪一个人持有这种逃避态度——就是那些至今仍被宠坏的孩子。这种人可能成为社会的威胁，被宠坏的成年'孩子'的生活方式仍然停留在他们四五岁的时候。"

生活里很多成年男人还是巨婴。他们并没有成长为一个真正的男人。还是生活阅历丰富的老人可以看出端倪，以为有了爱情就会拥有一切的年轻人会懂什么呢。

爱情和婚姻真是完全不同的，恋爱时，他一句——爱你一生一世，会让你感动得痛哭流涕；婚姻里，却还不如一句：你累了，我去拖地倒垃圾。恋爱时，他一句——无论你怎样了我都不离不弃，你觉得他很靠谱；婚姻里，却还不如：孩子这周末我陪他玩，你好好休息。恋爱时，他一句——我养你，别上班吧；婚姻里，却还不如一句：无论你做什么样的选择，我都支持你。

2

无论是否做全职妈妈，都是两个人商量后的选择。现代都市里，没有老人帮忙，又不想请保姆的话，做全职太太是很多女性的选择。在做出这个选择的时候，相信每个家庭都经过深思熟虑。在做这个选择后，需要明确的一点就是，全职带孩子的人，付出的并不比那个上班的人少。不能因为一方没有上班，而另一方出去赚钱就让家庭关系失去平衡。

婚姻说到底是一种有感情基础的合作关系。甚至有的时候合作大于感情。那就要明确一点,合作关系中并无从属关系。

就如阿德勒说:"合作任务中,是不可能让一方接受从属位置的。如果一方想要支配,并强迫另一方服从,两个人就无法和谐地生活在一起。现在很多男人,甚至很多女人都认为男性就该居于统治和主宰地位,扮演领袖角色,成为主人。这就是我们现在有如此众多不幸婚姻的原因。没人能够不带怒气和怨恨地忍受卑下的地位。合作者之间应该是平等的,只有平等了,才能找到克服困难的途径。比如说,他们会在生儿育女的问题上达成一致。……他们在教育问题上也能取得共识,在婚姻出现问题时会去努力解决,因为他们知道不幸的婚姻不利于孩子的成长。"(《自卑与超越》)

如果用心带过孩子就应该知道,育儿,特别是孩子三岁之前,是一个非常琐碎和特别考验人耐心的活儿,一般人真还做不了。哄孩子睡觉,换尿片,担心他生病,喂饭,陪他走路,怕他磕到,时刻注意他的一举一动等等。说实话,就算是全职妈妈真的没出去赚一分钱,但这份付出并不是什么人都能做到的。相信很多女人,如果有得选,大概宁愿去上班,而不会选择带孩子。

所以在经济上认为全职妈妈没赚钱,就应受到歧视,那是社会的悲哀,更是一个家庭最不应该有的事情。"需要特别强调的一个重点在于,即便父亲是家庭的主要经济支柱,这也是夫妻共同的收获。他绝不可摆出一副施予者的模样，把家庭中所有他人都变成受施者。对于和谐的婚姻来说，真相是，他去赚钱只不过是家庭劳动分工的结果。许多父亲利用他们的经济地位来作为统治家庭的理由。家庭中不应该存在统治，任何可能导致不平等感的事情都应当避免。"（阿德勒《自卑与超越》）

一个女人放弃工作，选择做全职妈妈，除了对家庭的负责之外，还应该让伴侣更轻松，因为一个家庭必须得有人做出这样的选择。女人习惯性地选择了牺牲自己的事业。

如果没有家庭分工，单独谈全职妈妈该如何做，是否有价值，那是有失偏颇的，任何一个家庭都是共同维护的结果，不存在谁付出多谁付出少的问题。养育孩子更是需要双方共同努力，真有条件，全职爸爸也不是不可以有。

3

所以，婚姻关系中，最美的话，不是"我养你"，而是"我支持你"。你选择做全职妈妈，我支持你，不仅是在语言上，更在行动上；你选择自己创业，我支持你，只要你有计划有目标；你选择去进修，我支持你，只要你有这份雄心；你选择去旅游，我支持你，只要你有想去的地方。

一个同学离婚了，不是因为男人出轨，也不是因为家里经济条件很差。而是因为无论她做出什么样的选择，对方都会嗤之以鼻，认为她肯定做不成，后来她做什么事都从来不和他说，自己默默去做就是。之后她自己经营的咖啡馆有规模了，从来没请他去过一次。她想，与其从来得不到赞扬和支持，还不如分开的好。

婚姻里真正的杀手是自私，而不是情感。因为情感会随着岁月流逝慢慢淡化，而对方是否宽容，是否懂得分担，是否理解，关系着两个人能否平静地走下去。

阿德勒说："最糟糕的婚前准备是只图个人利益。如果一个人在这种培养下长大，就会始终盘算着能从生活中得到什么快乐或刺激。他们总是要求自由和解脱，从不考虑怎样让伴侣的生活更轻松、更充实。这种对待婚姻的方式是灾难性的。"(《自卑与超越》)

「高考结束了,你把离婚协议签了吧」

1

"高考结束了,你把离婚协议签了吧。"洪武接到妻子的微信的时候,愣了一下,是该结束了。这场婚姻拖了这么多年,也就是为了等孩子高考结束。

两个人在孩子还在上初中的时候,就没有了感情,也曾想过分开,但每次谈到孩子的问题就妥协了。谁都不想放弃孩子,但两个人已经很难再回到以前那种亲密恩爱的状态,好在洪武平时出差多,不用每天面对冰冷的妻子,要不冲突会更多。而妻子也因为洪武每两三天才回来一次,也落得个自在。看着丈夫周末陪孩子玩,孩子也黏他的分上,就把离婚的念头压了下来。

其实很多时候,想要离婚并不是对方在外面有了情人。而是已经懒得去相互讨好迁就,干脆就倔强地让婚姻走到现在的局面。终于等到孩子高考结束,两个人都已经四十多岁了，该去寻找自己的生活了。洪武没有感到多大的悲伤，反而一阵轻松。他想妻子应该也是这种感觉。这么多年了，两人都明白矛盾在哪里，但都已经不想去弥合。

婚姻这个东西，到底也还是只有中国的老话把它说得抽象又精到，潇洒也庄重，那就是："夫妻本是同林鸟，大难来时各自飞。"

缘分尽了就是尽了，你怎么努力也回不到从前。但一提到被婚姻牵涉到的孩子，那就很难说清楚了。婚姻里无数的矛盾和纠结也因此而来。很多父母为了孩子，为了不影响孩子学习，就刻意隐瞒这些矛盾，等孩子高考结束之后再讨论大人的问题。每年高考结束，孩子们长大了，就会出现一年一度的离婚高峰期。类似的新闻，每年可以出一次。

2

婚姻就像迷宫，我们经常迷路，才是婚姻的本质。别听那些没有孩子的婚姻专家分析得头头是道。有孩子和没孩子的婚姻，是两种不同的婚姻。不敢说百分之百，至少80%的婚姻，都是为了孩子，所以一旦双方感情出了问题，首先想到的是孩子，而不是其他。孩子会不会受委屈，成长会不会受到影响，万一孩子不跟着自己生活怎么办等等，除非两个人真的过不下去，或者一方强行要离开，要不绝大部分都还是因为孩子，能够维系着表面的婚姻平静。

就算强如作家池莉，也难有例外。池莉在她那本写女儿的书《来吧孩子》里写到了自己的那段婚姻。孩子还在吃奶的时候，因为和丈夫矛盾不断，池莉就决心离婚了。那时候年轻果决，两个人经常因为一些鸡毛蒜皮的小事发生激烈冲突，池莉好几次冲出家门，就不再想回去了，但因为怀中有个吃奶的孩子，看着孩子天真无邪的小脸蛋心软了，就无法坚持自己的决心，还是跟着孩子的父亲回了家。

软了心，回了头，池莉就对自己提出了八个字："忍字当心，白头到老。"女人对自己就是这么狠心，孩子就是女人的全世界，假如她舍不得孩子，再说什么都是多余！池莉带着点悲壮的心情写道："当我的孩子太小无法表达她是否需要父亲的时候，我算了，我不离了。当孩子需要哺育没有时间写作的时候，算了，我就暂时不写；我不认为是事业的牺牲。"

就这样她在这段婚姻里忍耐到了孩子十多岁。2000年，池莉从北京回来，一走进家门，放下行李，和丈夫面对面，女人的直觉告诉她：这个婚姻已然彻底破碎。但在那一瞬间，她还是在为孩子感到悲伤。两人悄悄地去办了离婚手续，但为了不影响孩子中考，都没有说破。

"婚姻就是玻璃做的,一旦破碎就是一地碎片,再也无法拼凑,但是为了孩子,这个家庭的形式感,一点一滴的细节,又一定是要存在的!一定!至少要让孩子在这个家庭里安谧而快乐地度过初中三年,直到中考结束再说。"

终于,池莉支撑到了孩子初中毕业的那一天。后来孩子被好的中学录取了,池莉也松了一口气,带着女儿出去旅游的时候,一次吃饭,池莉觉得自己应该向女儿说清楚离婚的事情了,然后字斟句酌地对孩子说:"亦池,我得告诉你一件事,我和你父亲——"

女儿立马打断她的话说:"我知道。你就不用说了。"

池莉大吃一惊:"你知道?你怎么知道的?"

女儿反而很大方地说:"其实早就知道了。我上初中不久,无意间在书柜里看到了你们的协议书。"池莉顿时面红耳赤。倒是女儿解释说:"我没有告诉你,是因为我看你不愿意让我知道。我觉得你们一定是担心我学习分心,担心我像别的孩子那样闹别扭,不同意你们离婚,抱怨你们不为孩子着想。所以我想算了,我也不吭气,我就成全你们的苦心,就当我不知道吧。"

在婚姻里拧巴了十多年的池莉,还是女儿给了她定心丸,结束了这段婚姻。而女儿学业和生活也没受什么影响,后来去了伦敦大学,成了一名非常优秀的女性。

3

孩子参加高考,那家长们也都人到中年了。

人生最难是中年。在三十多到四十五岁这段时间,孩子还小,夫妻要么忙于事业,要么日渐失去激情,就算惊天动地的爱情,也抵不住生活的消磨啊。进入了婚姻生活,天天面对柴米油盐,所有的爱都褪色了,剩下的更多是责任。但人本身的欲望和心力都还在,不会像老年人看得那么淡,也不像年轻时有那么多冲劲和选择,这段时间会有一种虚空和焦虑感,但往往又什么都抓不住。

对于很多女人来说,孩子可能是这段时间感觉唯一能够抓住的东西。男人们忙于事业,或者对你日渐冷淡,而女人往往因为有了孩子后,在事业方面会慢慢不再那么拼了。如果男人能够理解带孩子的辛苦,可能家庭还算和谐稳定。如果带孩子那么辛苦,还不能得到男人的半点支持,女人往往会陷入一种焦虑当中。

我的一个朋友就是如此,自己带着孩子,没有老人帮忙,老公十天半月才回来一次,回来之后也是做碗面条都不会的那种"甩手掌柜",最多就是帮忙看一眼孩子,让她可以更好地在厨房里忙活。

这时候女人就会怀疑婚姻的意义:既然我所有的事情都可以搞定,要一个男人来做什么呢?但孩子有的时候会想爸爸,也就让她觉得家庭依旧有存在的必要。她说,现在孩子还小,不知道等孩子长大了后,会不会离婚。

中国式婚姻,捆绑了很多的亲情和家庭责任,在里面的人想要挣脱,难度特别的大。能够挣脱者,也往往脱了一层皮。如果没有勇气去挣脱家庭的束缚,那就只能老实待着,憋屈也好,难受也好,这就是你应该接受的。

我们经常说,孩子是婚姻的纽带。有了这纽带,夫妻之间的感情可以更牢固,但也更难分开。很多夫妻,如果没有孩子,可能早就分开了。就如池莉,每次看着孩子快乐,就算婚姻天翻地覆,也要千方百计委曲求全,小心呵护这个家庭的完整。

女人一旦做了母亲,很多时候就不再是女人,也不再是妻子,而只是母亲,母亲的职责就是保护孩子,给孩子一个完整的家,所以就算男人有什么不是,很多时候都选择了忍受,时间就这么过了一年又一年,等孩子长大了,懂事了,才突然想到要有属于自己的生活,然后开始选择离婚。

其实一个能够选择离婚的社会,肯定比一个夫妻相互煎熬的社会好。我们有的时候太强调正确性,所以委曲求全很多。而实际上孩子已经可以很好地接受父母的自由选择。就如池莉家的孩子,本以为瞒住她了,而实际上是她在成全父母。有的时候,我们低估了孩子的接受能力,也强化了自己的忍受能力。婚姻这东西,说到底还是一个"缘"字,而"缘"里面包含了选择权。所以还是借用我早期一篇文章的名字:好的爱情,不是一生只够爱一人,而是你有选择权。当然包括高考之后选择离婚的夫妻,希望你们一别心宽,两生欢喜,有着精彩的下半生。

努力的女人，自带光芒

1

王小波在他那篇《知识分子的不幸》里开头是这么一段话："乔叟的《坎特伯雷故事集》里，有这样一个故事，有位武士犯了重罪，国王把他交给王后处置。王后命他回答一个问题：什么是女人最大的心愿？这位武士当场答不上来，王后给了他一个期限，到期再答不上来，就砍他的脑袋。于是，这位武士走遍天涯去寻求答案。最后终于找到了，保住了自己的头；假如找不到，也就不成其为故事。据说这个答案经全体贵妇讨论，一致认为正确，就是：'女人最大的心愿就是有人爱她。'要是在今天，女权主义者可能会有不同看法，但在中世纪，这个答案就可以得满分啦。"

这答案肯定是不能让今天的女权主义者满意的。她们会觉得让男人爱怎么就是最大心愿了呢？所以王小波也只发发感慨。我不算女权主义者，这方面的书籍读得不多，对于国内很多女权主义的东西，总不怎么感冒。我大概算是女性主义者。

我觉得这个世界女性比男性更美丽，无论从性别还是整体来看，女性的存在都比男性伟大。马尔克斯在自传里说："一生中，和女人在一起，总是比和男人在一起更自在，更有安全感。我坚信女人支撑世界，男人只有捣乱的份，有史为证。"

就算在爱情里，女性也比男性更勇敢。在我们都批评女性现实的时候，其实男性才是真正的现实，他们就算在恋爱里也会计较很多东西。

女性不是，只要有了爱情，她真的可以跟你远走天涯，只要男人真心爱她，就可以死心塌地，她相信永恒之爱。渡边淳一说："女人就是信奉爱是永恒的，并且照此在实践。从这个意义上讲，女性真是令人羡慕。"（《女人这东西》）

玛格丽特比阿尔芒牺牲大，因为她为了成全他的家人不得不放弃这段感情，还得忍受阿尔芒的报复。（《茶花女》）索尼娅比拉斯科利尼科夫牺牲大，他因为杀人，被判刑八年，她陪伴着他去西伯利亚，等待八年，她只是为了使他活下去而活着！（《罪与罚》）包法利夫人比她的两个情夫伟大，因为为了爱情她可以放弃一切，私奔，而他们只是猎艳。（《包法利夫人》）

2

20世纪初,英国作家伍尔夫说:一个女人如果打算写小说的话,那她一定要有钱,还要有一间自己的房间。

伍尔夫感叹书架上女性作家的作品为什么那么少,因为这社会对女性一直就是压制,而不是鼓励。"即便是在19世纪,人们也不鼓励女人成为艺术家。相反,女人遭人冷落、侮辱、训诫、规劝。她们又要抵制这个,又要反对那个,势必思想紧张,筋疲力尽。"

"对妇女而言,这重重的困难岂非更让人生畏。……首先,在19世纪,女性拥有自己的一间屋子是绝不可能的,更遑论一间安静的屋子了。除非她的父母富有或者富有权势。……济慈与福楼拜以及其他的天才发现了世人的冷漠,并对此难以忍受。轮到女性时,就不仅仅是冷漠,还有敌意。世人常常对男人说,你愿意写就写好了,这和我无关。但世人对于想进行创作的女性,却往往是哄笑,并反问女性,写作吗,这有什么意义吗?"(伍尔夫《一间自己的房间》)

到了20世纪三四十年代,在中国,张爱玲和苏青们,这些觉醒的女性,独立自主的女性,开始谈论女性的爱情和婚姻。1945年2月27日,苏青和张爱玲还有记者一起对谈了一次,内容是关于妇女、家庭、婚姻等问题,地点是张爱玲的公寓。

当记者问到"从一个女性来看,用自己赚来的钱快活呢?还是用别人的钱快活?"这个问题时,苏青和张爱玲给出的观点很一致:"用男人的钱快活。"

苏青说:"用母亲或是儿子辛苦赚来的钱固然不见得快活,但用丈夫的钱,便似乎觉得是应该的。因为我们多担任着一种叫做生育的工作。"

张爱玲说:"用别人的钱,即使是父母的遗产,也不如用自己赚来的钱自由自在,良心上非常痛快。可是用丈夫的钱,如果爱他的话,那却是一种快乐,愿意想自己是吃他的饭,穿他的衣服。那是女人的传统权利。即使女人现在有了职业,还是舍不得放弃的。"

张爱玲写过一篇谈论男女平等的文章,现在读来,依然不过时。她说,女性摆脱裹小脚,自己出来工作,在职场上打拼之后,想要回到原来那种少奶奶的生活,依附男人为生,是不可能的了,女性不愿意,男性也不乐意。"放在女人面前的只有一条道路,便是向上!向上!向上!"

但究竟要上到何等程度,也颇有讨论的价值。因为生理上的不同,注定了男女之间很大的差异。

苏青说:"凡男人所有的并不都是好的;凡男人所能享受的,女人也并不一定感到受用,这个观念需弄得清楚。幸福乃是满足自身需要之谓,不是削足适履,把人家所适用的东西硬来满足自己不尽相同的需求。假如你这样做,那只能显出你的嫉妒,浅薄,与可怜,距成功之域尚远。"(《第十一等人:谈男女平等》)

我倒喜欢她们那时候的观点,不偏激,没现在女权那套,一定要男女一切平等,恨不得男人能够做的,女人也一定要全部做才好。

我喜欢国外那种对女性的尊重,不管内心怎么想,但从表面上,至少对女性的尊重体现在许许多多细节上。譬如吃正餐,在座如果有女性的话,是女性的那份先上,然后才是男性。我们这里往往是领导优先。到门口是男性先把门推开,扶着门,让女性先走,在电梯口也是如此。落座的时候,是男性帮女性拉出椅子,请女士入座。

可能在一些女权主义者看来,这些不是男女都可以做的吗,但我觉得女性天然就是应该享受这样的待遇。这才是一个正常的社会。有些人的观念容易走极端,要不就是女权主义,恨不得让男人也可以生孩子,然后男女一切都平等;要不就是大男子主义直接把女人看作是附属品,什么时候对女人都是颐指气使。

温和、中立的态度,应该是如张爱玲、苏青这般,承认女性的软弱,也接受男性的好意,懂得自强自立的重要,也需要和男人一起创造世界。男女之间的问题,还是得用沟通来解决,不能总是觉得谁占了谁的便宜。

3

努力的女人,自带光芒。周末一口气读了四本亦舒的小说。其中最喜欢的是《我的前半生》,现代版子君和涓生的故事。

结婚十三年,最大的孩子十二岁,第二个孩子八岁的时候,一天涓生对子君说:"子君,我决定同你离婚。"然后没有任何商量的余地,直接就找好了律师,搬出去住。子君还纳闷涓生要搬到哪里去住,涓生也诧异:你不知道?你竟不知道我外头有人?

他们十二岁的女儿安儿知道,子君的闺蜜唐晶知道,全世界都知道,就子君不知道,还是沉浸在自己少奶奶的生活当中。但婚还是离了。子君在温室里生活了十三年,三十三岁的时候,还是离了。

子君只能自己重新出来找工作。她唯一的工作经历就是毕业之后当了很短一段时间的老师。大学毕业证都发黄了,外面到处是找工作的年轻人,但她必须出去工作。在唐晶的帮助下,她找到了一份翻译的工作,低级职员,月薪和刚毕业的大学生差不多。每日和上班族一样奔波上下班,吃盒饭。

刚开始的时候，子君凄凉地哀叹自己：我这一生早就完了。但工作一段时间后，又这样鼓励自己："我可以看到我的前路，路是有的，可惜崎岖了一点，布满荆棘，走过去，难免会头破血流，尚有许多看不见的陷阱引我失足。"

子君难过的时候，就去找一直单身的闺蜜唐晶，唐晶是她现在的依靠。唐晶说："做人真是寂寞，你说得对，子君，没有人能够帮我们。以前小时候，我曾拥有过偶像，后来发觉，我最崇拜的人，是我自己。只有我才会帮自己渡过一山又一山，克服一次又一次难关。"

慢慢地，一步步打拼。在大染缸中混，成绩骄人，子君再也不是从前那个子君了。现在的子君修炼得有点眉目了。她成了女儿安儿的偶像。"妈妈，我现在的偶像是你，你时髦、坚强、美丽、忍耐、宽恕，妈妈，太伟大了。"

后来子君跟随城内陶艺大师张允信学习陶艺，刚开始纯粹只是打发时间，没想到自己会有这方面的天赋，还和张老师成立了工作室。子君的事业一直在往好的方向发展，身边也不缺追求者，但那个对的人一直没出现。

最好的闺蜜唐晶要结婚了，移民澳洲。子君最大的依靠突然要失去了。唐晶独自奋斗了十三年，还是放弃了事业，去澳洲相夫教子了，而子君相夫教子了十三年，重新出来奋斗，两个人的人生做了一次轮换。

子君不舍，但唐晶还是有自己的生活。"子君，你的毛病是永远少不了一个扶持你的人。涓生走掉，你抓住我。现在我要走了，你同样的伤心。子君，凡事也分个轻重，这样一贯的天真，叫人如何适应？"还是子君陶艺老师那句话能够安慰人："人口流动性大，谁也陪不了你一辈子，趁早培养个人兴趣，老了可以插花钓鱼。"

张老师说："堕落是愉快的，子君，像一块腐臭的肉等待死亡，倒是不用费劲。子君，你试过往上爬吗？你试试看，子君，你始终运气太好。"离婚两年后的日子更加难过。以前心中被恨意充塞，做人至少尚有目标，睁大眼睛跳起床便咬牙切齿握紧拳头抱怨命运及社会。如今连恨也不再恨，一片空虚，傍晚只觉三魂渺渺，七魄游荡，不知何去何从。

去温哥华看女儿安儿的时候，子君遇见了翟先生，翟先生一开始误认为子君是安儿的姐姐。子君对翟先生有好感，翟先生对她也是，但是他生活在温哥华，她在香港。

经过这三年的磨练，子君自带光芒了。洋人可林钟斯一直钟情于她，但是她说不会选择外国人。涓生这时候也后悔自己离婚了，在慨叹自己现在的婚姻，原来还是子君好，甚至有意无意想回来。子君并没有向他耀武扬威今日的"成就"。最佳的报复不是仇恨，而是打心底发出的冷淡。干吗花力气去恨一个不相干的人？过去的事不必再提。

后来翟先生来到了香港。两人开始约会,开始了解彼此的人生。离婚三年后,子君也开始接受另外一个男人。子君说:"结婚与恋爱毫无关系,人们老以为恋爱成熟后便会自然而然地结婚,却不知道结婚只是一种生活方式,人人可以结婚,简单得很。我之所以容光焕发,是由一种胜利的快乐感觉引起:仍然有人欣赏我,我不寂寞,我有了寄托。把感情分析得这么纤毫毕现,实在太没意思,我也希望我可以说:我在恋爱。"

她当然是在谈恋爱。而且很快就结婚了。在去蜜月旅行的飞机上,子君想:"我朝自己微笑,伸一伸酸软的腰,欣赏一下右手无名指上的白金结婚环,简直不能相信的好运气,竟如此理想地便结束了我的前半生生涯。至于我的后半生,谁会有兴趣呢?"

三十三岁离婚,三十六岁光芒依旧。子君的人生带点理想色彩,最后的结局也完美。

可能我们很难有这样完美的人生,但每一个自强自立的女人,都会带着她的光芒,这光芒自己感觉不到,但身边的人能够感觉到。

现在,你在自己的工作岗位上,在奔波去见客户的路上,在走往菜市场的路上,在去健身房的路上,无论在哪里,只要你在努力生活,都会自带光芒。希望你不会迷失自己,希望你历经艰辛依然有颗少女心,希望你好好爱自己。

第四辑

有趣的灵魂相遇，终究勇敢

两个人只要永不止息地追求，就不会枯燥，就不会乏味，就不会让梦消失。

〉〉〉

有趣的灵魂相遇，终究勇敢

1

王小波说："一辈子很长，就找个有趣的人在一起。"谈恋爱需要两个相似的灵魂，那样才有趣。

在一段美好的爱情中，阿德勒说："他必须努力奋发，以使她的生活更舒适、更富裕；他必须乐观进取，以取悦于她。"

在一封信中，王小波写道："我现在决定，从现在开始，只要有一点益处的事情我都干，绝不面壁苦思了。现在就从眼前做起，和你一样。我发现我以前爱唱高调偷懒，现在很惭愧。"

"我真的是个好人，我对好多人怀有最深的感情，尤其是对你。我很想为别人做好事，尤其是对你。我真想把我能做出的一切好事全献给你呢。"王小波送给李银河的第一张相片，是他童年时期的。然后写了这么一段文字："你知道吗，郊外的一条大路认得我呢。有时候，天蓝得发暗，天上的云彩白得像一个个凸出来的拳头。那时候这条路上就走来一个虎头虎脑、傻乎乎的孩子,他长得就像我给你这张相片上的一样。后来又走过来一个又黑又瘦的少年。后来又走过来一个又高又瘦又丑的家伙,涣散得要命,出奇地喜欢幻想。后来,再过几十年,他就永远不会走上这条路了。你喜欢他的故事吗?"

谁能抵挡这样的文字呢?送一张童年的相片,然后跟你诉说他一生的故事。在其中一封信中,王小波写道:"做梦也想不到我把信写到五线谱上吧?五线谱是偶然来的,你也是偶然来的。不过我给你的信值得写在五线谱里呢。但愿我和你,是一支唱不完的歌。"

李银河说:"被爱已经是一个女人最大的幸福,而这种幸福与得到一位浪漫的骑士之爱相比又逊色许多。"

李银河回忆自己和王小波相识相恋的过程。两人第一次单独见面是在她工作的光明日报社,那时她大学刚毕业,在那儿当编辑。两人聊了没多久,王小波突然问:你有朋友没有?李银河当时刚好没朋友,就如实相告。王小波单刀直入地问了一句:你看我怎样?后来两个人就开始通信交往。

李银河说:"我们俩都不是什么美男美女,可是心灵和智力上有种难以言传的吸引力。我起初怀疑,一对不美的人的恋爱能是美的吗?后来的事实证明,两颗相爱的心在一起可以是美的。"

2

"我觉得爱情里有无限多的喜悦,它使人在生命的道路上步伐坚定。"(《爱你就像爱生命》)真正的爱是不自私的。无论是否得到,只要真心爱,就会祝福对方。就如那一句经典的留言,祝你们幸福是假,祝你幸福是真。

王小波对李银河也是这样。"我是爱你的,看见就爱上了。我爱你爱到不自私的地步。就像一个人手里一只鸽子飞走了,他从心里祝福那鸽子的飞翔。你也飞吧。我会难过,也会高兴,到底会怎样我也不知道。"

"你想知道我对你的爱情是什么吗?就是从心底里喜欢你,觉得你的一举一动都很亲切,不高兴你比喜欢我更喜欢别人。你要是喜欢了别人我会哭,但是还是喜欢你。"

就如陀思妥耶夫斯基的小说《白夜》中的主人公,当和自己短暂相爱过的娜斯简卡选择回到以前男朋友的怀抱的时候,"我"给予了娜斯简卡最衷心的祝福:"愿你动人的笑容欢快明朗、无忧无虑,为了你曾经让另一颗孤独而感激的心得到片刻的欣悦和幸福,我愿为你祝福!我的上帝,那是足足一分钟的欣悦啊!这难道还不够一个人受用一辈子吗?"

爱情可以让两个人像孩子一样。"我和你就好像两个孩子,围着一个神秘的果酱罐,一点一点地尝它,看看里面有多少甜。你干过偷果酱这样的事儿吗?我就干过,我猜你一定没干过，因为你乖。"在李银河看来，王小波描述的"这画面所表现出来的天真无邪和纯真诗意令我感动不已"。

两个人结婚的时候就商定不要孩子，两人都是自愿不育者，然后一起去美国留学，一起自驾漫游大半个美国，一起游历欧洲，一起回国做研究。大概这是灵魂最接近的一对爱人了。

王小波去世后，李银河写道："小波在一篇小说里说：人生就像一本书，你要挑一本好看的书来看。我觉得我生命中最大的收获和幸运就是，我挑了小波这本书来看。我从1977年认识他到1997年与他永别，这二十年间我看到了一本最美好、最有趣、最好看的书。作为他的妻子，我曾经是世界上最幸福的人。"

3

"爱到深处这么美好。真不想任何人来管我们。谁也管不着，和谁都无关。告诉你，一想到你，我这张丑脸上就泛起微笑。"

恋爱的时候，我们总会许诺很多，总会担心爱情的这份热情能不能持续，两个人在一起久了之后，会不会把爱情消磨掉，变成一种死气沉沉的生活。现实中很多人从爱情演变为婚姻即是这样的。

李银河给王小波的信里也发出过这样的疑问:"小波,你好!你是我的光明,我的快乐,我的幸福。我们谁也不会妨碍对方,只会互相带来人生最宝贵的礼物。生活是有趣的,它绝不能变得死气沉沉。你说,我们将来也会把它弄成死气沉沉的吗?我在人群中看来看去,只有你有最大的可能性使我得到永远不枯燥的生活。你天生不喜欢枯燥,我也是呀。我真是怕它怕得要命呢。如果我们的精神枯竭了,我们的生活变得枯燥了,那不如立刻去死了的好。你否认爱是人的自我欺骗,你说即使是梦也是好的,那我们就一起来做梦吧。我们生活在梦中,让生活变得像梦那么美,那么变幻无穷。但是我要让你想一下,并且回答我:这梦真能做一辈子吗?它会不会醒?醒来又怎么办?我们凭什么比其他和我们一样的人幸福,能一辈子生活在这美好的诗一般的梦里呢?我不是跟你说着玩,我是真不知道我们凭什么,而且对于将来的变化不敢想象。"

王小波回信道:"真的,也许梦是做不了一辈子,那就让它成为真的好了!我和你就要努力进取,永不休止。对事业是这样,对美也是这样。有限的一切都不能让人满足,向无限进军中才能让人满足。无限不可能枯燥啊,好银河。永远会有新东西在我们面前出现的。哥伦布发现了新大陆,哥白尼又发现了新宇宙,这是一条光荣的荆棘路。美也是无穷的,可怜的就是人的生命,人的活力是有穷的,可惜我看不到无穷的一切。但是我知道它存在,我向往它。我会老也会死,势必有一天我也会衰老得无力进取的。可是我不怕。在什么事物消失之前,我们先要让它存在啊。我记得这么一支歌:'在门前清泉旁边,有一棵菩提树,在它的树荫下面,我做过甜蜜的梦……在它的树荫下面,我做过甜蜜的梦,无论是欢乐和悲伤,我总到那里去。'我愿做你的菩提树,你也来做我的吧。"

两个人只要永不止息地追求,就不会枯燥,就不会乏味,就不会让梦消失。这大概是每对相爱的人,每对在婚姻中的人最应该学习的了。我们多少人慢慢就放弃了自我的追求,多少人在婚姻里放弃了自我的努力,多少人让原本热情的生命变成死气沉沉的生活。

在早期第一封信中,王小波写道:"我知道,生和死,这是人们自己的事。谁也救不了别人的灵魂。要是人人都有不休不止的灵魂才好呢。我真希望我的灵魂像你说的,是个源泉,永远汲取不干。我希望我的'自我'永远'滋滋'作响沸腾不休,就像炭火上的一滴糖。"

一个永不休止的灵魂和另外一个永远渴望新奇的灵魂相遇,而且这两个灵魂还相爱了,这大概是世上最美好最幸福的事情了。王小波发出过关于"勇气"的宣言:"我的勇气和你的勇气加起来,对付这个世界总够了吧?要无忧无虑地去抒情,去歌舞狂欢,去向世界发出我们的声音,我一个人是不敢的,我怕人家说我疯。有了你我就敢,只要有你一个,就不孤独!"

两个有趣的灵魂相遇,终究勇敢。

李银河说:"两人共处二十年,竟从未有过沉闷厌倦的感觉。"王小波去世七周年的时候,《爱你就像爱生命》重新出版了一次。李银河在序言中写道:

> 今天去给他扫墓。他的生命就像刻着他名字的那块巍峨的巨石,默默无语。
>
> 小波离去已经七年了。七年间,树叶绿了七次,又黄了七次。花儿开了七次,又落了七次。我的生命就在这花开花落之间匆匆过去。而他的花已永不再开,永远地枯萎了。
>
> 翻拣他当初给我的情书,只觉得倏忽之间,阴阳两隔,人生真是一件残酷的事。既然生命是如此的脆弱和短暂,上帝为什么要让它存在?既然再美好的花朵也会枯萎,再美好的爱情也会湮灭,上帝为什么要让它存在?
>
> 没有人能给我一个答案。
>
> 也许根本就没有答案。

《我的前半生》：三十三岁的女人最怕的不是失婚，而是失业

1

读一本亦舒的小说，也就一两个小时的事，著名词人林夕有一篇文章专门写亦舒，他说："亦舒写悲，也是点到为止，这不是说情绪写得肤浅，而是兵不血刃，也没有用刀砍进心里，你还来不及沉溺，主角又发人深省地奉上自强箴言。强悍都市人与独立女性的世界，只有一时的软弱，不是提供绝望的沉沦，所以，也就不会大大搅乱你的情绪，微微的起伏中，心舒了爽了，也就不难睡去。"（《曾经的枕边书：亦舒》）

读亦舒可以很快，一天读完三本也不是问题。读过十来本后，她小说的基调也就差不多清楚。亦舒喜欢写萝莉爱大叔的故事，而女主角绝大部分都是单亲家庭，而且一般是妈妈独自带着女儿。这种套路之下，都市女性那种自卑和自强很容易交集在一起。就如林夕所说的，你还来不及沉溺，主角又发人深省地奉上自强箴言。

和《喜宝》《圆舞》《外遇》等相比，我还是最喜欢她的《我的前半生》。改编自这本小说的电视剧上演后，又引出了很多话题。

2

《我的前半生》是亦舒小说里难得的一部励志小说。子君三十三岁那年，结婚十多年的丈夫涓生，一天下班回家，突然就说，我们离婚吧。没有任何征兆，然后就搬出去住，对子君也是各种数落。涓生有情人的事情，她的闺蜜唐晶知道，她的大女儿安儿也知道，就是子君自己一直沉浸在少奶奶的生活里不知道。

然后就是子君开始自强自立的桥段。从最开始的恐慌"生命中没有涓生，这一大片空白，如何填补"，到后来通过自己努力，越来越自信之后，拒绝涓生的邀约。涓生也这样感叹："离婚之后，你竟成为一个这样出色的女人，我低估你，是我应得的惩罚。"

子君学陶艺，和陶艺大师老张一起创业。生活圈子和个人事业都不断做大。然后在国外遇到了一份适合的爱情。子君说："我的前半生可以用数十个中国字速记：结婚生子，遭夫遗弃，然后苦苦挣扎为生。"

这本书里有很多关于婚姻的金句,"结婚与恋爱毫无关系,人们老以为恋爱成熟后便自然而然地结婚,却不知结婚只是一种生活方式,人人可以结婚,简单得很。"很多人结婚是这样的,反正到了年龄了,总得找一个人在一起,至于爱和不爱,并没有问过自己的内心。所以就有了下一句:"每个人都应该结两次婚。一次在很年轻的时候,另一次在中年。少年时不结一次,中年那次就不会学乖。天下没有不努力而美满的婚姻。"而离婚呢,也不是容易的事,就像开头的子君对涓生那么低声下气,希望能够挽回丈夫的心,保持一个完整的家,但还是不能。"对于离婚这件事,一般人不外两个看法,一个是即时离异,不必犹豫;另一个是决不能离,拖一生一世。"但子君还是离了。

3

小说一开头,子君就在感叹自己老了,譬如皮肤日渐松弛,担心老公整天被小姑娘围着,像一个啰唆的老太太一样不停地向小女孩灌输别勾引老男人的观念,等等。

我看这部小说的时候,早已过三十三岁了,所以并没觉得三十三岁是一个很老的年龄,我甚至认为这是一个女人美好生活的开始,只要她懂得自己想要什么。

子君在婚姻里十多年，相夫教子，总以为婚姻会稳固一生一世，从没想过万一自己离开了这段婚姻会做什么。其实婚姻从来不是一个人说了算的事，还有另外一个完全独立的个体。就算你有把握说，你不离婚，但你很难完全控制对方说，他也不离婚。

子君刚得知涓生要离婚的时候，向唐晶哭诉："我今年都三十三岁了，离了婚你叫我往哪里去？我无论如何不离婚。"但最后还是离了。你怎么也挽回不了一颗已经完全不爱你的心，再低声下气都没用。

这么漫长的一生，婚姻里的男人女人要携手走过，真的很难很难，要彼此尊重、互相忍耐、共同进步，还要有很多很多爱。那对于婚姻里的女人来说，最害怕的应该不是失婚，而是失业。像子君这样，在温室里被养了十多年，突然要自己出来工作，才发现自己连基本的生存能力都没了。

虽然故事有一个很好的结局，也算是子君找到了一条适合自己发展的路。但是那些离婚后，并没有找到自己的路，也并没有这么完美的结局的女人呢？她们会得到什么呢？我觉得她们得到的是：自由。人生在世难得自由，赚钱无外乎也是想换取自由，让自己有更多选择。而这种自由的获得，需要自己的努力，当实力不济的时候，选择也就会变得异常艰难。

但就算最后没有那个完美的结局，对于子君来说，离婚之后，还是能成为一个更真实的自己。

4

因为工作关系，要出去见很多人，从个人交往角度来说，我还是喜欢那些有点野心、生气勃勃的女人。她们还对这个世界充满好奇，也不会为了一些失利沮丧太久。而一些基本上安于母亲角色和妻子角色的女人，和她们交谈的时候，你可以感觉到，她已经很难提供有价值的东西了。

升级做母亲是很多女人一个很好的保护壳，有了这层保护壳，好像对这个世界上的事情都可以暂时不理了，只要好好地做好母亲这个角色，再兼职做下妻子这个角色，然后心安理得地不学习、不进步，也不去关心外面发生了什么。就如子君那样，安心做了十多年的少奶奶。如果运气好的，可能也会一直这样下去，不用有个人的事业和成就，孩子长大了就是成就。

说实话，带孩子是辛苦活，做过父母的都知道。但这份辛苦是你自己选择的，也是你该承受的，绝不是你停止进步的借口。躲避在一个母亲的角色里并不如想象中那样可以高枕无忧，我想孩子也不希望看到这样的母亲。

现在对女性的要求越来越高了。当你要享受自由的时候，千万记住一点，自由意味着你要付出更多的努力。如果按照古代男人可以三妻四妾的传统，女人不免在家里相互斗争争夺地位，安于做一个母亲的角色便足够了。现在既然要女性独立，要出来工作，要赚钱养家，也想让自己的人生有更多选择，那别无他法，唯有个人更加努力。

拥有更多自由者，必然会比别人付出更多。这个关系相辅相成，永不会过时。你别指望自己经济、精神都不独立，却在那儿喊女性的自由。

自由就是，我想做出选择的时候，可以更从容；自由就是，我可以选择离开，不黏糊；自由就是，我可以悲伤，但不会耽搁太久。好的爱情，不是一生只够爱一人，而是你有选择权，这里的选择权，主要是指女性的选择权，这选择权里又包含了女性的自由、自主和自立。

《大话西游》：你和最爱的人在一起了吗？

1

大概没有哪位电影人会像周星驰这么深刻地影响上世纪80年代初出生的这批人了。他是我们这一代人心中无可替代的流行符号。

我现在依然记得，十几个人一起围着一台台式电脑，看《唐伯虎点秋香》，看《鹿鼎记》，看《国产凌凌漆》，看《大话西游》等电影的场景。

我和几个要好的同学，对话的语言都经常是周星驰语录。譬如"猛将兄"（《鹿鼎记》台词），譬如"感情丰富是我的一大缺点"（《鹿鼎记》台词），譬如"你就如黑暗中的萤火虫"（《国产凌凌漆》台词），譬如"爱一个人需要理由吗"（《大话西游》台词），譬如"露出半个龟头"（《唐伯虎点秋香》台词），譬如"含笑半步癫"（《唐伯虎点秋香》台词）。

这些台词我可以随口说出来。我头脑里冒出这些句子的时候，眼前浮现的都是那些一起看电影的青春的面孔。

上大学的时候，我们男生总是习惯从后面窗户跳出去，很少走前门。有一次，一位男生站在位子上往外跳的时候，没有发现那玻璃窗是没打开的，"咕咚"一声，结结实实地撞了上去。和周星驰电影《国产凌凌漆》里，凌凌漆去拜会领导接受任务的时候，撞上玻璃门的那个情节简直一模一样。因为这一次撞玻璃窗，我们笑了他整整四年。

不知道他是否依然勇猛？不知道你们是否依然感情丰富？不知道你们爱一个人是否需要理由？

2

周星驰的电影里，我看得次数最多的是《大话西游》。里面的台词，大多耳熟能详。青衣白裙的紫霞牵着黑骡出了场，故事才算进入正题。彼时的至尊宝，穿越五百年只为救深爱的白晶晶；彼时的紫霞，正在等着那能拔出她宝剑的如意郎君。

我总觉得在爱情里，语言是会骗人的，而心不会。男人在爱情里都说过无数骗人的鬼话，甜言蜜语大概是爱情必备的元素了。但心是否会疼，是否真的会如刀割，只有他自己知道。所以我觉得《大话西游》里最好的桥段是，白晶晶和紫霞两个人分别跳到至尊宝心里，与那个椰子的对话。

紫霞问椰子："他跟他娘子是不是很恩爱啊？"

椰子："是的。"

"我懂了。"然后紫霞流下一滴泪。

……

"谢谢你了，椰子！"晶晶笑得很开心。

"那么请问你，他最喜欢的人是不是我啊？"

椰子沉默不语。

白晶晶在至尊宝的心里看到了紫霞留下的东西，是一滴泪。她知道至尊宝已经爱上了紫霞仙子。

"我知道有一天他会在一个万众瞩目的情况下出现，身披金甲圣衣，脚踏七色云彩来娶我。"但紫霞也只猜中了开头，没有猜中结尾。那个脚踏七色云彩的人不是来娶她的，而是来救她的。

大圣怀抱重伤的紫霞却无能为力，他踩着七色云彩，冠上大英雄的美名，却没有办法许诺她一个平淡轻盈的结局。影片的结尾，大圣为了不让夕阳武士追悔莫及，还是借他了却了自己在凡世中的一桩夙愿，和城楼上的紫霞紧紧相拥。

而他丢弃情缘，专心踏上取经路。你和最爱的人在一起了吗？或许错过才知道自己最爱的是谁，或许明知道最爱也不能在一起，或许根本就没遇上最爱。

人间情缘,哪能说得清呢?

3

就如《大话西游》的主题曲《一生所爱》里唱的那样,"在世间难逃避命运,相亲竟不可接近"。

我想起大学里的一位朋友。每次聚会,她都会带上她男朋友,小鸟依人一样靠在他身边,恩爱无比。一次,她满脸幸福地和我们说,毕业就和他结婚,就选定这个人了。男生每天给她打开水,占自习室的座位。我印象最深的一次是,他从宿舍拿着几个衣架去给她晾衣服。

毕业后,我们很少联系。十年后,我去她所在的城市出差,约出来一起吃饭。她已经是两个孩子的妈,丈夫当然不是那个当初给她打开水、送衣架的男人。她说:"我后来再也没联系过他了。"我们的交谈刻意避开那个名字。不知道她现在是不是和最爱的人在一起。

还有一对情侣,大学里谈了三年恋爱,毕业的时候,两个人分别在两个机会都不是很多的三四线城市,于是干脆各自辞职,辞掉内地稳定的工作,到沿海打拼,创业,开公司,结婚。

六七年后，男人来到我工作的城市出差，我请他吃饭。我随口问了句：你家孩子多大了？他说：没有孩子，我和她分了。后来我去他的城市出差，他过来看我，带着现在的老婆，我们谈了很多往事，但一直避开那个名字。嫂子说笑："火养，你告诉我他以前的情事吧。应该有故事吧。"我笑着说："单独请我吃饭，告诉你吧。当然，一切都不可能了。"

不知道，他是否和最爱的人在一起了，那个和我一起看《大话西游》的兄弟。兜兜转转，都不知道自己该追求什么；走着走着就把自己最爱的人都弄丢了；自己也不知道怎么会成了这样。

可能命运就是这样吧。就如张爱玲的小说一样，每对最爱的人都在错过，世钧错过曼桢，振保错过娇蕊，一生中最爱的人就是不能在一起，那样永远地思念，永远地渴望，永远地期盼。

4

2014年10月，电影《大话西游》重映，二十载岁月悠悠，情缘易断难再续。

二十年，在时间长河里不过短短一瞬，但对于个体生命来说，好像一切都已经历。二十年前《大话西游》讲述一个爱而不能在一起的故事，"爱你一万年"的承诺，也抵不过现实。至尊宝看着夕阳下投胎转世的紫霞和武士拥吻，头也不回转身离去。紫霞说："那人好像一条狗啊。"我有朋友说，这是《大话西游》里，最深刻、最让人心酸的一句话。

我们都在岁月里活成一条狗，漫漫黄沙取经路，就如我们每日的生活，谁没中过紧箍咒呢？到了《西游降魔篇》，玄奘对段小姐说："我爱你，第一次见到你就爱上了。"

段小姐问："有多爱？"

玄奘说："好爱，我没有一天不想你。"

段小姐："爱多久？"

玄奘："一千年，一万年。"

段小姐："一万年太久，我要你现在爱我。"

段小姐被悟空打成粉末，如流星洒落，唐僧流下一滴泪，把段小姐的无定飞环化成悟空的紧箍。周星驰改写了《一生所爱》的歌词："从前到现在，爱一直还在。"

到了《西游伏妖篇》，没了那每天幻想盖世英雄的紫霞，也没了那个叽叽喳喳的段小姐，只有小善，一个离间唐僧和悟空关系，又深爱上唐僧的女人。而她只不过是段小姐的影子，因为唐僧无时无刻不想段小姐。

连沙僧都知道，师傅心里装着一个人。

无数个深夜，他在梦里俯身，吻了悟空头上的紧箍，那是由段小姐的戒指化来的，是他最爱的女人留给他唯一的东西。

《大话西游》像我们的少年，爱得都那么纯粹，轻易就敢许诺"爱你一万年"，在不确定的人生里，在自己掌握不了的命运中，爱情终究还是被生活的紧箍咒打败；《西游降魔篇》像我们的青年，知道自己所爱，热恋纠缠，但依然难以圆满；《西游伏妖篇》像"曾经沧海难为水"的思念，就算遇见相似的人，也难以有相似的激情，所以唐僧也不再为爱痴迷，利用小善的离间计，上演了抓妖的好戏。就算小善最后问他，是否真爱过她，他也只能摇头不语。因为最爱的东西，都已经留给了少年。

我们就这样长大，就这样变得世故。慢慢地，活着成了最大的命题，商业成了最现实的生活。《大话西游》珍贵，因为那是商业失败但感情真挚的作品，就如那没在一起但永远留念的恋人。

《长腿叔叔》：我读过的最美的爱情

1

安娜说,有多少颗心就有多少种爱情。书里的爱情千人千样。

有爱而不得,一直在错过的爱情,譬如《呼啸山庄》里的希斯克利夫和卡瑟琳,那段灵魂的描述真是经典啊,但他们不能在一起。有因爱生恨最后又懊悔不已的爱情,譬如《茶花女》中的阿尔芒和玛格丽特。阿尔芒最后回到巴黎的报复真让人心酸。有爱着却永远不能在一起的爱情,譬如《廊桥遗梦》中的罗伯特·金凯德和弗朗西丝卡,短短的四天,却是一生的思念,罗伯特·金凯德最后给弗朗西丝卡的那封信里写道:"我样样都记得:你的气息,你夏天一般的味道,你紧贴我身上的皮肤的手感,还有在我爱着你时你说悄悄话的声音。……我爱你,深深地、全身心爱你,直到永远。"有为爱自杀,用自己的生命来祭奠的爱情,譬如《安娜·卡列尼娜》

中的安娜，最后卧轨自杀；譬如《失乐园》中的久木和凛子相约自杀；譬如《少年维特之烦恼》中的维特也为爱自杀。也有错过才知道自己最爱的爱情，譬如《红与黑》中的于连，他在牢房里的时候，回想起自己短暂的一生，才发现原来此生最爱的是德·雷纳夫人，但已经回不了头了；《红玫瑰与白玫瑰》中的振保再次在公交上遇上娇蕊才知道能给自己激情的女人是她，但已经回不去了。也有因寂寞生情最后却难以自拔的爱情，譬如《包法利夫人》中的包法利夫人，寂寞像蜘蛛网一样编织她的心，她渴望爱情，却被人家猎艳，然后难以自拔。

当然也有结局比较美好的爱情。譬如《傲慢与偏见》中的伊丽莎白和达西，两个人最开始互相看不上，最后一个放下傲慢，一个放弃偏见，美好地生活在一起。还有《简·爱》中的简·爱和罗切斯特，虽然有波折，但结局也总算是有情人终成眷属。

但这些都不是我读过最美好的爱情故事。

2

美好的爱情故事，应该是有爱，有男人的包容、女性的自强、相互的爱慕，还有一个很温馨的结局。韦伯斯特的

《长腿叔叔》刚好符合这一切。

这是一部爱情童话。少女茱蒂在孤儿院长大,十八岁时她高中毕业,却仍在她长大的孤儿院宿舍做杂事。一天,孤儿院理事来访结束后,孤儿院的管理人告诉茱蒂,因为她有写作天分,有一位理事愿意资助她上大学。茱蒂没见过这位好心人,只看到过一个背影,腿很长,所以茱蒂就一直叫他长腿叔叔。

长腿叔叔的资助有一个条件:每个月资助费他会通过秘书寄过去,相应地,茱蒂每个月要回信表示一下。他并不是要茱蒂为零用钱向他道谢,他并不在意这个,只是要茱蒂告诉他求学的过程跟生活的细节,就像写信给父母一样。

收信人写约翰·史密斯先生。他要求写信是因为他认为没有什么比写信更能培养写作技巧的了,但他绝不会回信。如果有什么紧急情况茱蒂可以找他的秘书。每个月写信是必须遵守的约定,也是这位先生唯一的要求。

茱蒂就这样得到一个从天而降的好运,进了大学,开始给长腿叔叔写信。

3

第一封信,茱蒂写自己刚入大学的兴奋:我终于到了!

昨天搭了四个钟头的火车,那真的很有趣,不是吗?我以前从没搭过火车。

她想象中的长腿叔叔是这样的:

1. 您长得很高。

2. 您很有钱。

3. 您讨厌女孩子。

然后说称他为"亲爱的恨女人的先生"太侮辱自己了,称为"亲爱的有钱人",又太侮辱对方了,所以决定称呼他为"亲爱的长腿叔叔"。还希望对方别介意,这只是个私底下的昵称,她不会跟其他人说的。

茱蒂喜欢大学,非常快乐,学校招募篮球队队员,茱蒂决定去试试,她觉得自己反应敏捷,身体强壮。她开始写自己的大学生活,写自己的房间,写自己的室友莎丽和茱莉亚。莎丽觉得每件事都很有趣,连考试不及格都在内。而茱莉亚每件事都很烦人,她从未试着友善一些。

茱蒂也写自己的小女孩心思,在大学里最难的不是功课,而是娱乐。"大半的时候,我都不懂女孩子们在谈些什么,她们的笑话似乎都与她们相同的过去有关。我在她们的世界里像是一个外国人,听不懂她们的语言。这是一种很惆怅的感觉。我一生都有这样的感觉。这里没有人知道我是在孤儿院长大的。我不希望您觉得我很蠢,不过我真的希望跟其他女孩子一样,但那可怕的'家'的阴影笼罩着我的童年,使我和大家深深不同。"

长腿叔叔只要求她每个月写一封信,但后来茱蒂却每隔几天就寄一封过去,因为"我对这些新奇的经历是这样兴奋,一定要找人说说,您是我唯一认识的人"。

茱蒂想象着长腿叔叔的面貌:"您秃顶吗?我画了您的画像——一切都顺利——直到您的头顶,我就停住了。我没办法决定您是白发、黑发,还是两者间的灰发,或者没有头发。"

她入选篮球队了,很开心地写信告诉长腿叔叔。作品发表了,或是学会溜冰了,她也以最快的速度写信告诉长腿叔叔。她也把自己的懊恼告诉长腿叔叔:几何学和拉丁文没有及格,需要补考。

4

茱蒂就这样一直给长腿叔叔写信,但她从来没有收到过长腿叔叔的回信,也没有听长腿叔叔说过一句话,更没有见过他。有的时候茱蒂也会抱怨一下。"您从不回答任何问题,也从未表示过对我做的事情有一丁点儿的兴趣。您可能是那些懂事理的人中最恶劣的一个,而您让我受教育不是因为您对我有丝毫的关心，而是出于一种义务的驱使。我对您一点儿也不了解。我甚至不知道您的名字。"

但很快茱蒂又反省自己了。"我保证自己以后绝不再胡闹，因为我现在知道您是活生生的真人，我保证以后不再拿问题来烦您了。"

就这样一封封地写，一个女孩子成长的经历被一个叫作长腿叔叔的人知道得一清二楚，但这个长腿叔叔一直都没有出现。

茱蒂要出去郊游了。暑假期间，茱蒂要去一个农庄待三个月。农庄曾为杰夫·平莱顿先生所有，而长腿叔叔的秘书也知道这个农庄。在农庄里，茱蒂发现了杰夫十一岁时留下的一本书《在小径上》，书上留着男孩子特有的稚嫩笔迹："杰夫·平莱顿，如果这本书迷路了，请揪着它的耳朵，送它回家。"

茱蒂的大学生活越来越丰富，参加戏剧演出。她也想依靠打扮让自己更漂亮。一次她在信里说，"我无法想象人生还有什么比坐在试衣镜前面，买下任何一顶你选上的帽子，而不用考虑到钱的问题更快乐的。"很快，长腿叔叔就给了她五十元的支票。

这次茱蒂在信件开头写的是"亲爱的有钱人"，她懊恼自己说了那样的话。"我的零用钱已经足够买我需要的所有帽子了。很抱歉写了那么多女帽店的傻事。无论如何，我无意乞讨！而我也不愿再受您过多的恩惠了。"

写到深情处，茱蒂说："我想假装您是我的，但这只是想想，我当然知道您不是。我是孤单的一个人，的确——一个人挺直身子独自对抗整个世界——每当我想到这儿，都会倒吸一口气。我喜爱那些美丽的帽子和事物，但我不该拿我的未来做抵押。在我的内心，永远感谢您给我的生活，自由、独立。我的童年只是一段漫长而忧郁的逆反过程，而现在我每时每刻都很快乐，我几乎不敢相信这一切是真的。我觉得我像传说中被捏造出来的女主人公。"

5

茱蒂慢慢长大了。麦克白太太邀请她暑假去她们的家乡露营，有很多男士会陪她们一起跳舞。但这次长腿叔叔拒绝了她的请求，希望她不要接受麦克白夫人的邀请，而还是去杰夫·平莱顿先生的农庄，和上一个暑假一样。

茱蒂在质疑为什么，为什么，为什么。但长腿叔叔就是没有答应让她去陌生的地方。

这次茱蒂隔了两个月才给长腿叔叔写信。因为她觉得自己放弃了麦克白家的露营非常难过。她觉得长腿叔叔干扰了她的人生。她感觉自己受伤了，被一个专横、不近人情、全能又神秘的上帝支配着。

不过茱蒂在杰夫的农庄也得到了很多，她写了四篇短故事，寄往不同的杂志社，楼上杰夫少爷的游戏室成了她的工作室！

杰夫少爷也来农庄了。茱蒂在信中写到那种兴奋感，"我们相处很融洽！我们有如此多的新奇经历！我们探索过好几英里内的乡间，我们也学会用可笑的苍蝇做诱饵钓鱼"。两个人一起去爬山，做了很多欢乐的事情，像一对来度假的情侣一样。

总之茱蒂和杰夫少爷在农庄里度过了一个很愉快的暑假。

重新回到学校，她开始有些想念杰夫，回想着一起度过的愉快的暑假。

圣诞节到了，长腿叔叔一次送了十七件圣诞礼物给茱蒂。"我很抱歉我送给您的围巾不太整齐，是我亲手织的，您大概看得出来。在寒冷的日子要将它围上并记得要将您外衣的扣子扣好。谢谢您，叔叔，一千个谢谢。我想您是这世上最可爱的男士，而且也是最傻的一个。"

大四了，茱蒂马上要毕业了。"回首这四年，心中升起一股暖意。我刚来大学时，曾因错失其他女孩子拥有的童年而愤怒不已。不过现在，我一点儿也不这么想了。我将之视为一段不寻常的历险,使我能观察世界和审视生命。我可以丰满地成长,我对世界的观点是其他那些拥有很多事物的人所没有的。"

大学的最后一个夏天,茱蒂还是来到了杰夫少爷的农庄。这里适合写作。杰夫少爷来看她了,吉米·麦克白在证券公司上班了,但也会找时间来拜访她。

茱蒂在生长腿叔叔的气:"从您没来参加我的毕业典礼的那一刻起,我就将您从心中抹掉,把您永远埋葬了。"因为她在信里强调了几次,希望长腿叔叔一定要出现在她的毕业典礼上,但是他一直没出现。只有杰夫和吉米这两个喜欢她的男人送了玫瑰花过来。

茱蒂在信里也毫不隐瞒地告诉长腿叔叔,她喜欢的是杰夫少爷。"我想他,想他,想他。我恨月色如此美丽,因为他无法在此与我共赏。"不过当杰夫向她求婚的时候,她却犹豫了一下,然后拒绝了,因为她心里顾及着长腿叔叔。茱蒂拒绝杰夫少爷,是因为她很介意自己的出身。"我很卑微,您知道的。他的家庭如此高贵,而我也是有自尊的!"

茱蒂听说杰夫少爷病了,打算去看看他。而长腿叔叔也终于答应见她了。最后茱蒂发现,原来长腿叔叔就是杰夫,那个一直陪伴着她,每个暑假都希望她去他农庄的少爷,那个送她玫瑰，向她求婚的杰夫。

在最后一封信中茱蒂写道：

> 我最亲爱的，如果真是如此，对我而言，这世上的希望也都将随你而去了。我想将来某一天——在遥远的未来——我们其中一人必须先行离去，不过至少我们拥有过自己的幸福，并且记忆将伴随另一人活下去。昨天是我一生中最美妙的一天，即使我活到九十九岁，也忘不了那些小的细节。我想你想得不得了，亲爱的杰夫。不过这是种愉快的思念。我们很快就会再次相见的。此刻我们的心已经有了归属，真真实实的归属！我终究归属于某人了，这是否挺奇怪的？这种感觉似乎非常非常甜蜜。
>
> 你永远并始终如一的
茱蒂

两个最爱的人在一起，然后故事就此结束。大概这是美好爱情故事的模式。

我们都给最爱的那个他（她）写信吧。把自己每日的喜怒哀乐告诉他（她），把自己的真实想法告诉他（她），像茱蒂写给长腿叔叔那样。不一定每段感情都能开花结果，但至少你现在表达过最真实的爱。

《爱经》:两千多年前的"泡妞手册"

爱情最美好的阶段,应该是他刚刚喜欢你,而你对他也正好有意思,欲言又止,彼此带着好感,又没有说破的时刻。像一朵等待着开放的花,只要春风一来就开了,但两人就在等待着这春风的到来。

所以,爱情里需要追这个过程的存在。不追,不试探,不去探究一些好玩的事情,怎能知道彼此能够走多远?

1

古罗马最具影响力的诗人之一奥维德写过一本书叫《爱经》。梁文道说:"以今天的眼光来看,《爱经》可说是'勾女实战手册',一部讨论求爱修辞学的诗篇,用文字去钻研文字最深不可测的核心。"(《我执》)

奥维德声称凡是想知道爱情秘密的,凡是想知道如何求得爱情的，都应该来读他这本书。

那他这本书到底写了什么呢？写的就是非常实用的追女人技巧。奥维德还非常诚实，他说："我不是为有钱的人来教爱术的；那有钱的人是用不到我的功课的。他们是用不到什么智慧的，当他要的时候，他只要说'收了这个吧'就够了。对于这种人我是只好让步的：他们得人欢心的方法比我强得多。"也就是说，他这本《爱经》里所有的技巧都是写给那些想追女人又没什么钱的人来读的。

奥维德说："我这篇诗是为穷人们制的，因为我自己是穷人的时候，我曾恋爱过。当我不能送礼物的时候，我便把最美丽的语言送给我的情人，穷人在爱情中应当具有深心；他应当避免一切不适当的话语；他应当忍受一个有钱的情人所忍受不了的许许多多的事情。"

这么诚实的人写出来的爱情技巧，应该是能够让人信服的。

2

追女孩子最重要的当然是你得有这份心思，你对任何女人都没兴趣，那就算读再多爱情圣经也没用。奥维德认为：第一，你要留心去寻找你的恋爱对象；第二，你要留心吸引你所心爱的女子；第三，要使这爱情维持长久。这三句是很简单的大实话，但也透露出爱情最基本的东西，首先你得去寻找对象，然后用心追，最后争取让爱情长久。

要确定你心目当中要个什么样的人。"假如你是迷恋着青春年少又正在发育的美女，一个真正无瑕的少女就会使你看中意了；假如你喜欢年纪大一点的，成千的少妇都会使你欢心，而你便会有选择的困难了。可是或许一个中年有经验的妇人在你看来格外有情趣，那么，相信我，这种人是更众多了。"

当然追求你的爱情得有自信。"你须得要坚信任何女子都可以到手的：你将取得她们；只要布你的网就是了。春天会没有鸟儿的歌声，夏天会没有蝉声的高唱，假如女子会不容纳男子的挑拨，你以为她是不愿的，其实她心中却早已暗暗地愿意。"

就算被拒绝了也别灰心。"随她们容纳也好，拒绝也好，她们总欢喜别人去献好的；即使假定你是被拒绝了，这种失败在你是没有危险的。"

追女人还需要坚持不懈，不要因为对方没有回应就觉得没戏了。"只要你坚持到底，日久她总会屈服于你。假如她读了你的信而不愿回答你，那是她的自由。你只要使她继续读你的情书就是了，她既然很愿意读，她不久就会愿意回复了。

一切都是按部就班地来的。你或许先会接到一封不顺利的复信,在信上她请你停止追求。正当她求你莫惹她时,她却恐惧你依她照办,而希望你坚持到底。"

追女人还需要懂得把握一些场合和细节。宴会、聚会就是认识女人的很好的场合。"当酒阑客散的时候,那些客人就给你接近你的美人的方法和机会。你夹在人群中,轻轻地靠近她,用你的手指捏着她的身子,用你的脚去碰她的脚。你更可以用那些巧妙的阿谀偷偷地得到她的欢心,正如那水流不知不觉地蔽盖了那统治它的河岸一样。"

语言的技巧一定要注意运用,赞美的话永远都不会过时。"你要一点不迟疑地去赞美她的姿容,她的头发,她的团团的手指和纤纤的脚。最贞淑的女子听了那对她的美的谀词也要动心,容颜的美就是贞女也要注意的。"

必要的时候用上点眼泪。"眼泪也是有用的:它会软化了金刚石。你需要使你的情人看见你泪珠儿断脸横腮。……哪一个有经验的男子不把接吻混到情语中去呢?你的美人拒绝,随她拒绝,你做你的就是了。"

当然方法也不能千篇一律,要根据不同的人用不同的方法,最后奥维德写道:"就要结束了,可是我要说,女子的脾气都不是全一样的;对于这些种种不同的性格,你要用千种的方法去实施。同一块土地不能生出一切的出产品。人心不同各如其面。老是一个方法是不会成功的；应当依照你的情人的年龄而变通的。所以怕委身于一个规矩的男子的女子总是可耻地坠入一个浪子的怀抱中的。"

这是追女孩子的部分，后面还有一卷差不多就是属于少儿不宜的内容了。也正因为那部分少儿不宜的内容，奥维德这本书一直被禁，也导致了他被流放十年，在极度的孤苦、愁怨中，客死他乡。

3

奥维德写《爱经》的时间，是公元1年，和我们国家对应的时间是汉朝。你可以翻翻那时候的书，看对于女性和爱情的描写有多少。我读的古书很少，但那些著名经书都还翻过，其中极少谈论男女关系，更不用说这样一本赤裸裸地教你怎么讨女人喜欢的、怎么去追她们的书。

一个正常的男女社会，女人享受被追的待遇，男人如果想追到自己喜欢的女人，自然得要做得更好，讨女人的欢心就算用上技巧又怎么样？但我们的文化里是没有的。与这种平等的男女关系相比，我们的不知道落后了多少世纪。

日本作家谷崎润一郎在他的名著《阴翳礼赞》中写道：

"中国自古以'济世经国'为文章之本色。占据中国文学宝座的主流汉文学,皆为经书、史书,再不然就是修身、治国、平天下为目的的著述。我少年时代用作汉文教科书的读物是四书五经、《史记》以及《文章轨范》等,总之都同恋爱相距甚远。"

我们的文化一直和恋爱相距甚远。"看过西方诗的学者见到爱情在西方诗中那样重要,以为它在中国诗中也应该很重要。他们不知道中西社会情形和伦理思想本来不同,恋爱在从前的中国实在没有现代中国人所想的那样重要。"著名美学家朱光潜在他那篇《为什么中国诗里缺少爱情?》里写道:

> 第一,西方社会表面上虽以国家为基础,骨子里却侧重个人主义。爱情在个人生命中最关痛痒,所以尽量发展,以至掩盖其他人与人的关系。说尽一个诗人的恋爱史往往就已说尽他的生命史,在近代尤其如此。中国社会表面上虽以家庭为基础,骨子里却侧重兼善主义。文人往往费大半生的光阴于仕宦羁旅,"老妻寄异县"是常事。他们朝夕所接触的不是妇女而是同僚与文字友。
>
> 第二,西方受中世纪骑士风的影响,女子地位较高,教育也比较完善,在学问和情趣上往往可以与男子欣合,在中国得于友朋的乐趣,在西方往往

可以得之于妇人女子。中国受儒家思想的影响，女子的地位较低。夫妇恩爱常起于伦理观念，实际上志同道合的乐趣颇不易得。加以中国社会理想侧重功名事业，"随着四婆裙"在儒家看是一件耻事。

第三，东西恋爱观相差也甚远。西方人重视恋爱，有"恋爱最上"的标语。中国人重视婚姻而轻视恋爱，真正的恋爱往往见于"桑间濮上"。潦倒无聊、悲观厌世的人才肯公然寄情于声色，像隋炀帝、李后主几位风流天子都为世诟病。我们可以说，西方诗人要在恋爱中实现人生，中国诗人往往只求在恋爱中消遣人生。中国诗人脚踏实地，爱情只是爱情；西方诗人比较能高瞻远瞩，爱情之中都有几分人生哲学和宗教情操。这并非说中国诗人不能深于情。西方爱情诗大半写于婚媾之前，所以称赞容貌诉申爱慕者最多；中国爱情诗大半写于婚媾之后，所以最佳者往往是惜别悼亡。

看两千年前的《爱经》写男人怎么追女人的时候，其实我想到的是，它背后体现的是女人受到爱护和尊重。花心思去追女人，总比直接买卖或者所谓的指腹为婚，拜天地时才第一次见面的好。

这大概是我在文章里一直在强调的东西。一个人生活于世，最重要的是选择权。所以当很多人骂出轨，骂渣男渣女的时候，我都想，如果要你回到写《列女传》的时代，不知道你愿不愿意。那时候是没有出轨，也没有现在所谓的乱七八糟的爱情，只有贞节牌坊和浸猪笼。不知道你是否愿意生活在那些时代？爱情是很美好，但欲望也别否认。我没继续介绍的《爱经》后面部分的内容，就是写欲望的。

"从今以后你想一想那不久将来到的衰老吧：这样你便不会把流光虚掷了。当你还能玩的时候，当你还在生命的春日的时候，娱乐啊！年华和逝水一样地流去了，逝波永不会回到水源地；时间一朝过去了也一样地去而不返。不要辜负了好时光：它如此快地飞去了！"当我们开始正视自己身体欲望的时候，正视这个社会感情多样化的时候，我想《爱经》这样的"泡妞手册"多一点也不是什么坏事。多一些懂得怎么讨女人喜欢的男人，总比男人总是刻薄女人的好。

《斯通纳》：中年人的爱情

1

如果人到中年，遇上了爱情，而你又在婚姻内，该怎么办？我说的是爱情，而不是简单的相遇。

斯通纳就是这样的。中年的他遇上了爱情。那时候他和妻子已经很长时间没有好好说话了，也没有了爱，他忙着上课，而妻子忙着和其他女人张罗派对，斯通纳偶尔回家也是看看他们的女儿。凯瑟琳是斯通纳研究班上的年轻助教，研究班的助教、学生都需要交一份报告，凯瑟琳的报告，让斯通纳眼前一亮，这种激动他已经很久没有体验过了。报告讨论完后，斯通纳表扬了凯瑟琳。

从那以后，他们在走廊里偶尔相遇，点头致意，但两人其实并没有互相说过话。一次凯瑟琳把自己的论文给斯通纳看，并对他说："你曾经说过，愿意看看我的论文，只要我认真写起来。"斯通纳点头说，当然会。于是凯瑟琳把自己的论文交给了斯通纳。斯通纳和她约定在一个周五上午返还给她。

其实一开始他抗拒看那篇论文。到了最后一天上午,他拿着论文去了图书馆浏览起来,只读了几页就完全被吸引住了,内心不断发出感叹的声音。看完稿件最后一页,他才发现自己早已错过了约定的时间。他急忙赶回自己的办公室,一位同事和他说:"凯瑟琳等了你将近一个小时,不见你人影就先走了。"

斯通纳本想周一再给她,但是读完论文后的那种兴奋感久久不散,他决定去找凯瑟琳,就从通讯录中找出凯瑟琳的名字,看了下她的住址,决定走过去找她。

斯通纳鼓起勇气敲门,"我很抱歉,错过了我们约定的时间。"凯瑟琳望着他说:"你不想进来吗。"两个人在凯瑟琳那聊起了论文。斯通纳鼓励凯瑟琳说:"你千万不要放弃,无论出现多少困难,都千万别放弃。"

2

从那天以后,斯通纳发现自己总是寻找各种借口,下午去凯瑟琳的公寓。想到一本书或者一篇文章的名字时,他就会记下来,然后去她那儿喝咖啡,告诉她那本书的名字。他们一起度过那些午后时光,凯瑟琳总是显得彬彬有礼,友好,克制。

斯通纳小心翼翼地对待凯瑟琳的这份感情，不以任何方式显露在她的面前。有那么一个月时间，他每周要去三次凯瑟琳家，但任何一次都不会超过两个小时，他害怕自己的反复出现会让她变得厌烦，所以就尽量谨慎地确信自己能够真正帮到她的论文才过去。他不无自嘲地发现，为了拜访凯瑟琳而做的准备，殷勤的程度堪比为了讲课所做的准备。

他在心里对自己说，这就够了，他只满足于见到她，跟她说说话，只要她还能忍受他的存在。后来斯通纳感觉两个人一起度过的下午越来越压抑，他们发现找不到任何话题，只是喝着咖啡，没有任何进一步的发展，两人都带着警戒和试探。

斯通纳慢慢觉得自己的拜访已经成为凯瑟琳的负担，后来他有整整一星期没有去凯瑟琳家。有一两次，在过道里远远地看见凯瑟琳，斯通纳居然转身朝另一个方向走去，这样他们就不会打照面了。

一天下午，斯通纳在办公室取邮件时，偶然听到一个年轻的助教跟另一个人说，凯瑟琳生病了，已经两天没来上课了。斯通纳胸口刺痛，决心再去看凯瑟琳。他从书架上拿了一本书，迅速奔去凯瑟琳家。

凯瑟琳的脸色比平时还要苍白，斯通纳发觉自己讲起话来既紧张又傻里傻气。凯瑟琳说："我已经将近两星期没看到你了。"斯通纳心慌意乱地说:"我特别忙,好多事情。"然后关心地望着她说:"真难过,你生病了。"凯瑟琳说:"我没生病,我是极度、极度不开心!"

"我不想惹得你不方便,因为要应付——应付——我对你的感情,这个,我知道,如果我继续来看你,迟早会露出痕迹来。"凯瑟琳说:"别说了,亲爱的,别说了,坐过来吧。"斯通纳说完,两个人一动不动,挨着坐了好长时间。

四十三岁那年,斯通纳懂得了别人——比他年轻的人——在他之前早就懂得的东西:你最初爱的那个人并不是你最终爱的那个人,爱不是最终目标而是一个过程,借助这个过程,一个人想去了解另一个人。

3

两个人就这样相爱了。他们在一起过的生活,以前谁也没有真正想象过。他们从激情中萌发,再到情欲,再到深情,这种深情时时刻刻在不断自动翻新着花样。斯通纳从未试图去了解过另一个人,直到凯瑟琳出现。

斯通纳和凯瑟琳的事情,还是被斯通纳的妻子伊迪丝发现了。伊迪丝说:"我知道,男人一过四十都会这样。"她并没有说要离开他。很快,两个人的事情也被学校其他教职工知道了。让两人都惊讶的是，人们好像不把它当回事。他们可不是生来就要被这个他们曾经害怕的世界折磨的，他们开始相信，可以生活在曾自以为对他们的爱情充满敌意的世界。

圣诞假期，斯通纳难得有一个假期和凯瑟琳相聚在一起。他们在一个村里的旅舍一起待了十天。这天早晨，他们一醒来就发现两人紧紧搂在一起，在厚厚的毛毯下面身体暖暖的，散发着情欲的奢靡。一天晚上，他们快要结束假期的时候，凯瑟琳平静得几乎出神地说："比尔，如果我们不曾拥有过其他任何东西，至少还有过这一星期。这话听着是不是很女孩子气的啊？"

最后一天收拾行李的时候，她摘掉戴的戒指，塞在墙壁和壁炉之间的一条缝隙里。凯瑟琳说："我想，在这里留下点我们自己的东西，留下点我知道会存放在这里的东西，只要这地方还存在。这样做也挺傻的。"

回到大学后，斯通纳接到系主任的电话。那个曾经和他有过过节的领导知道了他和凯瑟琳的事情，故意整凯瑟琳，逼迫斯通纳，要么他离开大学，要么凯瑟琳离开。

谈完话后，斯通纳来到了凯瑟琳的公寓，他平静地说："如果我把这一切都抛弃了——如果我放弃了，一走了之——你会跟我走吗？"

"会。"她说。

"可是你知道,我做不到,你知道吗?"

"嗯,我知道。"

"因为那,"斯通纳自我解释说,"那就意味着什么都没有了——我们什么都做不了,我们就什么都不是了。几乎可以肯定我就不能教书了,而你也会变得面目全非,我们两个都会变得面目全非,不是我们本来的样子。我们都将——什么都不是了。"

斯通纳离开后,凯瑟琳当晚就收拾好所有的行李,用纸箱装好自己的书,给公寓楼的管理员留了言,告诉他把这些东西寄到哪里。她还写了辞职信。那天下午两点,她搭上火车踏上离开哥伦比亚的旅程。

从那以后斯通纳再也没有见过凯瑟琳。快六十岁那年,斯通纳听到过一次有关凯瑟琳的消息,他收到一家大型大学出版社的图书订单,上面说有凯瑟琳的著作出版,还简单介绍了作者的情况。她在一所不错的大学教书,未婚。他尽快买了本她的书,翻了翻前面几页,发现有这样一句献辞:献给威·斯。斯通纳名字的简写。

他的眼睛模糊了,一动不动坐了很长时间,他的失落感,内心藏了很久的失落感,顿时喷涌而出,彻底将他吞没,他任由这股洪流裹挟着,意志已失去控制。接着他又深情地笑了，好像是冲着某个记忆而笑。

这是小说《斯通纳》里的一段故事。这本书里的故事很长，写完了斯通纳的一生，而这一段只是关于他爱情的，人到中年的爱情，总是这么不堪而又难以抑制。

不管是在美国，还是在中国，婚姻之外再遇上其他爱情，终归难以被社会容忍，而爱情来临又那么不可预料，谁又知道呢？凯瑟琳不止一次地对斯通纳说："我们曾经很快乐——比任何人都更快乐。"这种快乐追随了凯瑟琳的一生，所以她在那本著作上写上了"献给威·斯"，虽然她不确定斯通纳能不能读到。而斯通纳弥留之际想着，他曾经想要爱。他拥有了爱，然后又放弃了，把它释放进混乱的生命潜能中。

有的时候，我会想爱情会是什么模样，是需要有一个很好的结果，譬如在一起结婚生子才叫爱情，还是就这样像流水一样，在生命中流过的也能算是爱情？我想长相厮守是爱情，而这种灵魂短暂相遇应该也是爱情；有情人终成眷属是爱情，惊鸿一瞥惴惴不安应该也是爱情；一纸婚约是爱情，而真心付出过应该也是爱情……总想着《安娜·卡列尼娜》中安娜的那句话：有多少颗心就有多少种爱情。

最无奈的是斯通纳这种人到中年的爱情，内心还活跃，不想像枯井一样干枯，而又摆脱不了现实的桎梏，进不行，退伤情。

《呼啸山庄》：爱却不能在一起，你是我灵魂的伴侣

1

我相信，我们所要寻找的爱情，是柏拉图口中自己原本完整却被劈开的另一半，是钥匙寻找锁孔，一对一对地配对的过程。

其实这个机会极其渺茫，你一旦找到，那快乐将无可比拟，但很多人往往在错过。所以这世间会有那么多感情纠葛。

如果每一个人找到的都是曾经被劈开的另一半，每一对都那么合拍，每一个人遇见的都是自己灵魂的伴侣，大概这世上也就不会存在感情问题了。

那天刮着台风，外面下着暴雨，在咖啡馆，我听她讲述那个关于灵魂伴侣的故事。她说，你知道那种感觉吗，就是你说什么，好像他都可以理解，你想表达的下一句，他马上可以接上，甚至她一个不经意的动作，他都会明白是什么意

思。在我之外另有一个我,在两个心心相印的情人之间,有时会达到这种恍如一体的感觉。就如青年的罗密欧在皎洁的月光下,听到远远地传来了他情人在阳台上的一声呼唤:"罗密欧!"他惊叹道:这是我的灵魂在呼唤我啊!

但他们没有相遇在对的时间点上。此时她已经是三个孩子的母亲,而他也是一个孩子的父亲。两个人都挣脱不了,即使如此合拍,最后因为各种原因还是不得不分开。

就算你把他说过的每句话都存在手机里,就算你每日都读一遍他写给你的信,还是不得不分开。爱可能还在,但那种最好的感觉已经没有了。

她说:"之前我一直怀疑所谓的灵魂伴侣是否存在,但和他相遇之后我感觉到这世上确实会有一个和你那么相似的人、相似的灵魂存在。寻找灵魂深处的伴侣,彼此的寂寞与孤独,在相遇之后从此消失。生命因此而完整。"

2

关于灵魂伴侣的描述,最动人的莫过于《呼啸山庄》了。这是一部关于复仇的小说,也是一部关于爱情最高形式的小说。卡瑟琳和希斯克利夫,这对"灵魂的材料"都是一样的恋人,因为希斯克利夫的出身和卡瑟琳的哥哥的阻挠,最终两人不能在一起。而卡瑟琳也被迫接受了画眉田庄少主林墩的求婚，希斯克利夫失去情人，愤而出走。

林墩完全是一个标准的富二代，年轻，长得俊俏，满面春风，爱慕她，作为少庄主，富有，专情，想让她成为当地最尊贵的女人。有那么一刻，卡瑟琳也承认自己爱过林墩。她在和管家纳莉聊天的时候，指着自己的胸口说："在我的灵魂里，在我的心坎里，我清楚地知道我是做错了。"

天堂是最高幸福的象征，在纳莉看来能嫁给林墩，是过上了天堂般的日子。但卡瑟琳却说她在天堂里会痛苦得要命。"我嫁给林墩，就像我在天堂里那么不相称。要是我家那个坏人不曾把希斯克利夫作践得那么卑贱，我决不会想到嫁给他的。现在我嫁给希斯克利夫，那可辱没了自己；因此他永远也不会知道我是怎样地爱他。而我爱他可不是因为他长得俊俏，纳莉，而是因为他比我更是我自个儿。不管咱们的灵魂是用什么料子做成的，他和我是同一个料子；而林墩呢，却就像月光和闪电光、冰霜和火焰那样和我们截然不同。"

"我对林墩的爱，就像挂在林子里的一簇簇树叶，时光会改变它，我很知道，到了冬天，树叶片儿就要凋落了。我对希斯克利夫的爱，好比是脚下永恒的岩石，从那里流出很少的、看得见的快乐的泉源，可是却必不可少。纳莉，我就是希斯克利夫！他时时刻刻在我的心头——并不是作为一种欢乐，就像我不能老是我自个儿的欢乐一般，而是因为他就是我自身的存在。"这大概是关于灵魂伴侣最好的描述了。"他就是我自身的存在！"

其实他就是另一个你啊。"在你自个儿之外，你还有一个你——应该还有一个你。天把我造了出来干什么呢，假使我这人是尽在我这一身了？我在这世上的最大的苦恼，就是希斯克利夫的苦恼；他的每一个苦恼，从刚开头，我就察觉到，切身感受着了。我生命中最大的思念就是他。即使其他一切都毁灭了，独有他留下来，我依然是我。即使其他一切留下来，独有他给毁灭了，那整个宇宙就变成了一个巨大的陌生人，我再不像是它的一部分了。"

在灵魂之爱面前，林墩和卡瑟琳的爱情显得那么黯然失色。宁静的家庭生活并不能掩盖卡瑟琳内心的呼唤，于是希斯克利夫再次出现在她面前时，她知道一切都不可挽回了。她发觉自己只是"一个陌生人的妻子"。"自从我最后一次听见你的声音以来，我已在人海里苦苦搏斗一场啦；你一定得原谅我，因为我奋斗只是为了你！"希斯克利夫对卡瑟琳说道。而卡瑟琳扑进了希斯克利夫的怀抱，再也不愿意放走他。但卡瑟琳不可能摆脱她少奶奶的身份。

爱却不能在一起，你是我灵魂的伴侣。

3

每个人都在寻找最合拍的那个人,"我将于茫茫人海中访我唯一灵魂之伴侣,得之,我幸;不得,我命。如此而已。"徐志摩写道。《半生缘》里的曼桢说:"世钧,我要你知道,这世界上有一个人是永远等着你的,不管是什么时候,不管在什么地方,反正你知道,总有这么个人。"

大多数人这一生并没有找到自己灵魂的伴侣,所以也很难接受这种执着甚至把自己燃烧的灵魂之爱。因为没有人激发过你身上真正的爱情,所以也没法体会什么是上天为你准备的灵魂伴侣。

那是一种奇妙的存在。

著名作家萧伯纳和爱兰·黛丽之间有着长达三十年的情书往来,但他们彼此从来没有进一步的发展,算得上是真正意义上的灵魂伴侣。他们开始通信的时候,萧伯纳三十六岁,爱兰四十五岁,都已是声誉卓著的中年人,洞晓人类和自身的弱点,却每每怀着同情和怜悯;他们不愿成为情欲的奴隶,却也不曾惧怕过爱情的到来。于是彼此温柔相待,彼此节制。

他们携手创造了一个奇迹,证明爱情中最好的东西,可以存在于纸上。多年后萧伯纳给自己的这本情书集作序,他在序言里说:"有人也许埋怨说这一切都是纸上的,让他们记住：人类只有在纸上才会创造光荣、美丽、真理、知识、美德和永恒的爱。"

1918年，当爱兰·黛丽已经七十岁而萧伯纳也已六十一岁的时候，他写信给她说："在我的心坎里没有一个女人可以代替你的位置。我以往对你说过的一切最轻佻、最放荡的话，现在依然有效，我一句也不收回。我是无可救药的。"

这种灵魂的相遇，大概是爱情的最高形式吧。

如果你遇见了那个灵魂的伴侣，你会发现，无论你干了什么，他都支持，无论你做了什么，他都信任。你是男版的她，而她是女版的你。无论你是出众的表现还是暂时的平庸，她都坚信你必定与众不同，她甚至比你还相信你的独特和唯一，她愿意用一生来协助你，将你的唯一展现出来。

真正爱惜你的人，即使不和你在一起结婚，也会努力帮助你绽放属于你的独特的精彩，也会激发你身上最真诚的爱。那就是你的灵魂伴侣。

《爱情与夏天》：错误的爱情，但还是义无反顾

> 夏天，情人们应该在这个季节里失恋，不然就似乎对不起爱情。
>
> ——史铁生《我与地坛》

1

2017年夏天，我读了一本和爱情有关的小说，名字也很契合当时的时节——《爱情与夏天》。作者是爱尔兰作家威廉·特雷弗，写这本小说那年，他已经八十岁了，以这个年龄来写这样一本爱情小说，而且依然如此细腻和备受欢迎，真是难得一见。

这是本节奏很缓慢的书，像你记忆中小镇的夏天，狗被烈日晒着吐着舌头，知了不厌其烦地叫着，农人们依然在田地里干活，日复一日。作者不厌其烦地描写爱尔兰小镇那种

缓慢的生活，破败的小店，几十年不变的街坊，这些描写仿佛是女主人公那种荒芜内心的映射。女主人公是一个弃婴，在修道院长大，名字都是修女们帮忙取的。她从小就不是任何地方的焦点。

一个失去了妻子的男人需要一个佣人，然后在修道院找到了还是少女的她，她帮忙照顾男人的生活，然后接受了男人的求婚。她怀不上男人的孩子，她对男人说很抱歉，男人说没关系。"你已经给了我很多。"然后她和男人在农场干活，"养鸡，养牛，种菜，记账"，慢慢地倒是比男人更在行了。

这就是她的人生。除了丈夫、邮差、神父，她没有接触过其他男人，她所有的爱情就是和男人讨论割草、换车轮和那些农作物。

"时间流逝，某一天终究会到来，看起来就是这样，尽管已经发生的一切几乎没有迹象。"

那种每日重复的日子，尽管已经发生，却几乎没有迹象。

2

死水微澜不是惊涛骇浪，所以这夏天的爱情注定不是都市里那种卿卿我我、灯红酒绿的爱情。不会是职场精英们的相互算计，激烈的肉体互搏，与相互猜忌、伤害，这只能是一个农妇在一个夏天发生的小镇故事。

一天，小镇里来了一个闯入者，男主角也没什么亮色，会拍照，但没什么成就，在外面流浪了几年，这次回到镇上是准备把老家的房子卖了，去一个完全陌生的地方。

但这次回来，他遇见了她，他向她问路，之后又再次巧遇，她开始心生荡漾。"当她与他站在太阳底下，当他递给她烟而她摇摇头的时候，她已经变了一个人。"她心中开始有了爱情，就已经变成了另外一个人。

有的时候，她半夜会睡不着，想着他会在做什么呢。"她在寂静的房间里坐了一个小时，还是没有起身。她没有哭，虽然她很想。她所向往的心心相印就在那里，她知道就是，然而，她在抗拒。"

闯入者的人生乏善可陈，据镇里其他人说，他们家族没什么人了，他是家族里唯一还留在小镇上的人。但他是一个有温度的人，他会倾听，会带着好奇心问女人的童年，问她在修道院的生活。

两个人为了避嫌，去到离小镇有点距离的克卢恩山。那也是她成长的修道院所在的地方。他问："可怕吗，那个孤儿院？你讨厌那儿吗？"她说："我们一直生活在那里。修女们给我们造了生日，取了名字。对于我们，她们了解得并不比我们自己少。不，那里不可怕，我不讨厌那里。"

关于她在克卢恩山的童年，他问得越多，她对这位盘问者就越发喜欢。尽管他有时候看起来还是那么怪怪的，她感觉自己仿佛已经认识他一辈子似的。他讲述他的过去，那仿佛也成了她的一部分。

她的丈夫从来没有问过她这些，他迟钝得令人发指。"那晚在沉睡中，埃莉哭了。她努力挣扎着醒过来，生怕她的抽泣声被听到。她听见了自己的哭声，但当她起身，却发现丈夫并没有被吵醒。枕头湿了，她翻了个面，到了早上，眼泪干了，仿佛那眼泪是她想象出来的，但她知道不是。"

3

爱情是什么啊？爱情就是这样，你一见到他，就想把自己的一切都告诉他，他会耐心倾听不打断，也不评价，只是含情脉脉地注视着你。

那个夏天相遇后,两个人约定在一个地方留下纸条,收到纸条如果有空,就一起去小镇外的山上,爬山、聊天。她把自己的前半生全部告诉了他——修道院的生活,怎么接受了男人的求婚,还有每天自己做的事情。

在说到她为什么接受丈夫求婚时,她说,她在男人家做佣人几年了,眼瞅着屋里就他们两个人。后来男人问她愿不愿意嫁给他,他是经过一番深思熟虑才这么讲的,他说会给她时间。

她同意了,修道院的修女们也为她高兴。倾听的男人没有表达他的感受:"这一切都不该发生,她不该送去让一个备受折磨的男人使唤。但是他只是这么想着,不知道是不是流露出来了,尽管他克制着不表现出来。"

他爱这每日和农场打交道的女人吗?从他内心的表现看,他希望她能够幸福,但是他自己也不知道怎样才能给她幸福。

约会了几次后,他还是鼓足了勇气告诉她自己很快会离开这小镇。

4

两个人把车停在了小路的尽头,爬到巨石外围。休息的时候，他告诉她了。

她问："你为什么要出国呢？"

"房子卖掉，我在爱尔兰无家可归了。"

"我要还债，"他顿了顿，"要是我早先告诉你，就会毁了我们这个夏天。"

她望向别处，他知道她不敢问他们还剩下多少时间。

"这一走就永远不回来了吗？"

"永远。"

"别不高兴，埃莉。"

她摇了摇头，没吭声。

"我不得不告诉你。"

"我知道，我知道。"

从那以后，每天早上她想到的第一件事便是他要走了，他就要消失了。她成天想着这些，在厨房里，在院子里，在干农活的时候，在喂鸡的时候，在堆草皮的时候，这念头都会跟着她。他要走了。

接下来的一次约会中，她问："你想走吗？"

他说："我想我是不得不走。现在，在爱尔兰，一切对我来说都结束了。"

"但愿你不要走。"

他们所经历的这个夏天以及余下的日子永远属于他们。

"所有一切。"他说，记忆不会消失。他知道这算不上安慰，但他不知道怎么做更好。

她问他："你打算去哪里？"

"可能是斯堪的纳维亚。"

然后女人买来地理教科书，找到斯堪的纳维亚那页，那是他要去的地方。她想起修女们教过她的地理知识，北欧海盗就来自斯堪的纳维亚。这得多爱一个男人啊，把他还没去的地方都研究透了。

她想跟他走。"我要跟你一起走。随便去哪里。"

"我们过了一个夏天，埃莉。"他轻轻地说道，口气尽可能温柔。他不想撒谎，因为时间会来反驳他，往伤口上撒盐，痛上加痛。时间便是洞察一切的智者，会冷酷无情地惩罚他俩。

"没有你，我一无所有。"她说。

5

爱情是荒芜生活里的一抹亮色，可以拯救你灰暗的人生，但注定成不了永恒的幸福。她求他带她走，离开这小镇，到哪里都可以。"求你了，"她低声道，"求你了，我要跟着你。"但是对于即将自我流放的他来说，明天自己在哪个角落醒来都不知道，何以执着于爱情呢？

人们离开是为了想要孤独。有些人注定孤独。他对她说的这些话，不知她是否懂得。"我永远也不会忘记被你爱过，别恨我，埃莉，求你，别恨我。"这是他留给她的话。

"我没办法恨你。"她说。

她再也没开口，他也没有。

他还是走了，她没有去送他。

她怕见面后的纠结，能够多看一眼，多一份记忆，但又怕说再见。她想不顾小镇的流言蜚语，勇敢地跟他走，所要承受的压力和背负的罪名她都已经心里有底，但是他不会带她走。他没打算有戏剧化的结局，拆散彼此的人生后再重组。

这只是一个夏天的爱情故事，夏天结束，爱情也结束。而在余生里，这段爱会永远存在女人的记忆里，这是她人生中仅有的爱情故事，一个人打了她所有的心扉，这段爱情会照亮她未来无数养鸡、喂牛、做饭的时间。"这个夏天的一分一秒，都会在今后的岁月里挥之不去。"

这个宁静的夏天，在爱尔兰这普普通通的小镇里，有人心如止水，有人郁闷不安，有人浑然不觉，有人明察秋毫，有人欲言又止，有人奋不顾身。一场关于爱的暴风雨好像就要来临，却又什么都没发生，归于平静。就像你小时候在农村经历过的夏天，远处黑压压的黑云压了过来，以为很快是一场暴雨，谁知道被风一吹，黑云飘移，虚惊一场。

6

这是本严肃的文学小说，作者也是爱尔兰当代文学巨匠。《爱情与夏天》虽然写的是一个农妇和一个偶然闯入小镇的男人的爱情故事，类似的小说也很多，譬如《廊桥遗梦》，但它同《廊桥遗梦》刻意地描写爱情和情欲不一样，《爱情与夏天》里甚至没有对情欲的描写，也没有男女主人公那种生死相依的描述，大量的篇幅是描写小镇那种农场生活，喂鸡、养猪、换车轮、堆草等，如此乏味和重复的生活，才能让这种卑微的爱情那么轻易地燃烧。

和《小芳》歌里唱的"谢谢你给我的爱，今生今世我不忘怀"也不一样，那是两个身份差距太大的人一种偶然的相遇，城市人下放到农村后寻找的慰藉。《爱情与夏天》是两个荒芜的生命碰撞出的点点火花。明知道这是一段不可能有结果的爱情，但还是义无反顾，因为再不爱就真的一生只能那样了。明知道是错误，但依然会去选择。如果一直正确地活着，在迟钝的丈夫那里，估计她一生都不会得到一次理解。当她向他诉说自己那卑微的人生，而他每次都认真倾听还非常好奇的时候，她知道，自己无可救药地爱上他，而他不忍心破坏这一个夏天，约会了几次后，才告诉她说，他很快要离开小镇。

我总在想为什么我们都越来越缺乏想象力了呢，因为那些教你现实的东西，正在一点点地侵蚀你内心的温暖和温柔，你会对任何的事情都现实地考量，活得精致、有用，然后活出世俗的成功，却忘记了，我们在现实生活之外，其实应该还有一个诗意的世界。虽然达到诗意已经越来越难了。

小说营造的那种氛围，如果你有过在乡镇生活的经历，代入感会很强。我们的小镇就是那样，如果现实里发生这样的故事，可能就是饭后茶余的八卦，某某女人和某某陌生男人好上了。但是作家把这种相遇，这种模式化的故事，用自己诗意的世界将其升华了。

那些对话，我相信在爱情中的女人能够懂。"请你带我走，到哪里都可以。"就像我们村出去打工就没回来的女人一样，可能在某个时刻也这样求男人带她走。

如果我爱你，会了解你的一切，所以你说童年的故事，我倾听得那么认真；所以你说要去哪个城市，我立即在地图上把那个城市找出来，好像那个可能一生都不会和我发生关系的城市，因为你要去，而变得生动。

我爱你，所以不敢去送你。因为怕太多的纠缠，因为知道你不会再回来了，这次相遇就是永别。未来无数个枯燥的日子，就靠着这一个夏天的回忆来度过。

《今生今世》：张爱玲为什么会爱上胡兰成？

前段时间读完了胡兰成的自传性作品《今生今世》，在朋友圈发了几句话感叹了下：读完这本书，知道了为什么张爱玲会爱上胡兰成。有朋友在下面评论说，如果张爱玲没有遇见胡兰成就好了。在民国，张爱玲和胡兰成的这段感情被讨论得很多，后人绝大部分都在为张爱玲惋惜，如果没有遇见汉奸文人胡兰成，张爱玲的感情生活会不会更好，或者有更好的作品出来。这些都是假设。

一段感情的发生，总会有它的理由。张爱玲爱上胡兰成同样是如此。如果我们把胡兰成还原成一个普通的男子，暂时忽略他的政治身份，因为张爱玲爱上他，也并不是因为他的政治身份。在认识胡兰成之前，张爱玲一直是个对政治很淡漠的人。我想认真剖析一次，张爱玲为什么会爱上胡兰成，她在这段感情中又得到了什么。

1

张爱玲从小缺乏父爱。张爱玲的母亲在那个年代是一个很西化的女子,不能容忍丈夫家外有家,在张爱玲四岁那一年就丢下张爱玲去了英国。张爱玲的父亲张志沂吸食鸦片、嫖妓并且和姨太太打架,在外面搞得声名狼藉,依靠祖上留下来的基业,过着纸醉金迷的生活。

张爱玲在这个大家族里,差不多成了多余的人。母亲从英国回来,教她学钢琴、学英文,完全是按照西方淑女加东方大家闺秀的模式来培养张爱玲。但这样的日子很短暂,后来母亲忍受不了父亲,还是彻底离婚了。

在缺乏父爱中长大的女子,长大后,会喜欢更成熟的男子。张爱玲在一次和苏青的对谈当中,提到择偶标准,其中一条就是:男子的年龄应当大十岁或是十岁以上,我总觉得女人应当天真一点,男人应当有经验一点。

张爱玲在文字上早熟早慧,但在人情世故上,她受母亲的影响很大,一直坚持自我,绝不会屈服,就算成名后,她也很少和当时文化界的人来往,在上海沦陷区,她关注的不是战争和政治斗争,而是普通的人性。胡兰成是上海沦陷时期汪精卫伪政府宣传部分管政务的副部长,《中华日报》总主笔。在南京任职期间,一次在院子里看杂志,翻到一篇《封锁》，作者是张爱玲，才看得一二节，胡兰成身体坐直起来，细细地把它读完一遍又一遍。于是胡兰成写信问杂志的出版人苏青，张爱玲是何许人也，苏青回信只答是女子。

不久，胡兰成去上海，一下火车便去寻苏青。两个人一起吃饭的时候，胡兰成向苏青问起张爱玲，苏青说，张爱玲不见人的。胡兰成问她要张爱玲的地址，苏青迟疑了一会才写给他。第二天，胡兰成就去见张爱玲，果然不见，胡兰成只从门洞里递进去一张字条。隔了一日，午饭后张爱玲却来了电话，说来看胡兰成。

两个人第一次见面，就在胡兰成的客厅聊了五个小时。胡兰成是真懂张爱玲的。而长期封闭自我的张爱玲，偶尔才和几位女性朋友，如苏青、炎樱来往，她身边可以说没有男性朋友。她写过很多感情纠葛，但自己没有恋爱经历。而胡兰成已经三十八岁，阅人无数，他知道怎么去夸一个女人，特别是有才华的女人。

他在《杂志》月刊上发表文章《评张爱玲》："是这样一种青春的美，读她的作品，如同在一架钢琴上行走，每一步都发出音乐""她的心喜悦而烦恼，仿佛是一只鸽子时时想要冲破这美丽的山川，飞到无际的天空，那远远的，远远的去处，或者坠落到海水的极深去处，而在那里诉说她的秘密"。这像是写给张爱玲的情书。

2

一个成熟的男人，和一个陷入情网的女人谈恋爱，太容易了，他知道怎么欲擒故纵，知道怎样适时表达爱意。何况是胡兰成这样只要想得到，就会用力去追的男人。

在胡兰成家里分开后，第二天胡兰成去张爱玲家见她。张爱玲家的华贵使胡兰成不安，但也燃起了他要把张爱玲追到手的斗志。回到家，胡兰成写了第一封信给张爱玲，张爱玲回信说："因为懂得，所以慈悲。"

从那以后，胡兰成每隔一天必去看她。才去看了三四回，张爱玲忽然烦恼，而且凄凉。女子一爱了人，就会有这种委屈。张爱玲送来一张纸条，让胡兰成不去看她。但胡兰成吃准了张爱玲已经爱上了他，当日仍去看她，张爱玲见了他仍是欢喜。后来，胡兰成索性天天去看张爱玲了。

胡兰成说起曾经在杂志上看到过张爱玲的一张相片，张爱玲第二天便取出给他，背后写了这么一段话："见了他，她变得很低很低，低到尘埃里，但她心里是欢喜的，从尘埃里开出花来。"

一个阅女无数又颇有才气的文人，遇见一个二十三岁暴得大名，却深居简出的女人。在爱情这个战场上，张爱玲注定不是胡兰成的对手。她很快就陷入进去。胡兰成从南京一到上海，不去自己家，而是先去看张爱玲，踏进房门就说："我回来了。"俨然是一副男主人的样子。

两个人在一起，只是说话也说不完。这是胡兰成的厉害之处，他和很多女人谈过恋爱，在他的自传里，就提到七八个，他很擅长一个本领，就是倾听，听女人说，他附和，或者给予适时的点评，还有他对身边女人的夸奖，夸得真到位！夸张爱玲的聪明真像水晶心肝玻璃人儿。"张爱玲是民国世界的临水照花人。看她的文章，只觉得她什么都晓得，其实她却世事经历得很少。""她的脸像一朵开得满满的花，又好像一轮圆得满满的月亮。爱玲做不来微笑，要就是这样无保留的开心，眼睛里都是满满的笑意。"

在这段感情里，张爱玲得到了欢喜，这是毋庸置疑的。张爱玲和胡兰成，有共同的兴趣和爱好，两人并坐看《诗经》，闻佳句而举座皆喜；黄昏看晚景，谈时局珍惜良辰。两个人谈中国诗词、西洋油画，又去附近的点心房吃糕点，去静安寺菜场买小菜，那是个战乱的年代，但在上海沦陷区，张爱玲得到了一段短暂而又美好的生活。两个人的爱情生活，几乎就是共同欣赏文学艺术。当时的时局，谈论艺术的作家很少。留在沦陷区的上海进步文人、作家，无不忧虑江山社稷，国土被占，民族遭殃，很少心平气和地谈论艺术和文学。

胡兰成是张爱玲的初恋，初恋是没有理由的，在喜悦中，除了恋爱对象的趣味，对其他一切都不会在意，更何况张爱玲对政治本身一直就很冷漠。她写的小说，就算是战乱，也只是作为背景存在，更多的，她是写人性，写苍凉，写无奈。

而胡兰成从张爱玲这里得到的更多，他在自传里写道："我若没有她，后来亦写不成《山河岁月》。我们两人在房里，好像'照花前后镜，花面交相映'，我与她同住同修，同缘同相，同见同知。爱玲极艳。她却又壮阔，寻常都有石破天惊。她完全是理性的，理性到如同数学。她就只是这样，不着理论逻辑，她的横绝四海，便像数学的理直，而她的艳亦像数学的无限。"

两个人认识的时候，胡兰成在婚姻内，但张爱玲并不在意。后来胡兰成离婚，和张爱玲结婚，那年胡兰成三十八岁，张爱玲二十三岁。刚好验证了张爱玲自己那个择偶标准：男人比女人大十岁或十岁以上。

3

一对乱世的爱情，注定不会长久。就如张爱玲所写的《倾城之恋》，战争成就了白流苏和范柳原的爱情，也会毁掉很多家庭。胡兰成和张爱玲，结合之初，就注定了后来分手的结局。

两个人的婚事，遭到了张爱玲家人的极力反对，但张爱玲还是结婚了，没有举行仪式，只写婚书为定："胡兰成张爱玲签订终身，结为夫妇，愿使岁月静好，现世安稳。"上两句是张爱玲写的，后两句是胡兰成写的。张爱玲的好友炎樱是证婚人。

但胡兰成不可能给张爱玲"岁月静好，现世安稳"。随着日本兵败，作为汉奸文人，胡兰成知道自己大限已到，夫妻亦要大限来时各自飞。胡兰成说："我必定得逃得过，惟头两年我改姓换名，将来与你虽隔了银河亦必定找得见。"张爱玲道："那时你变姓名，可叫张牵，又或张招，天涯地角有我在牵你招你。"

后来胡兰成逃到了武汉，喜欢上了照顾自己的护士小周，周训德，当时小周只有十七岁。日本战败，他逃到浙江温州，改名张嘉仪，隐姓埋名生活，就像他自己说的那样，头两年改姓换名。在温州，又和范秀美好上了。胡兰成在自己的自传中写道：我在忧患惊险中，与秀美结为夫妇，不是没有利用之意，要利用人，可见我不老实。但我没利用人，必定弄假成真，一分情还他两分，忠实与机智为一，要说这是我的不纯，我亦难辩。

1946年，张爱玲决定去看看已安顿好的胡兰成，从上海一路到了温州，胡兰成顾着自己逃命，隐居，并不想张爱玲过来，见到之后并无惊喜之色。张爱玲此时对胡兰成仍一片情深。她对胡兰成说："我从诸暨丽水来，路上想着这里是你走过的，及在船上望得见温州城了，想你就在那里，这温州城就像含有宝珠在放光。"

但张爱玲住了几个月后，还是发现胡兰成已经变心了。就算她陷入再深，也知道胡兰成已经和范秀美在一起了，两个人已经不可能回到从前。张爱玲责问胡兰成："你与我结婚时，婚帖上写现世安稳，你不给我安稳？"张爱玲叹道："我想过，我倘使不得不离开你，亦不致寻短见，亦不能再爱别人，我将只是萎谢了。"

胡兰成送张爱玲上船。数日后接她从上海来信说："那天船将开时，你回岸上去了，我一人雨中撑伞在船舷边，对着滔滔黄浪，伫立涕泣久之。"她还给胡兰成寄了钱来。胡兰成在逃难的这两年里，张爱玲一直用自己的稿费在资助他。

后来胡兰成回了一次上海，胡兰成的亲戚顺便来看他，张爱玲没有怎么招呼，胡兰成责怪张爱玲招待不周，这是两个人第一次争吵，也是最后一次争吵。夜里，两个人分居，清晨胡兰成去看张爱玲时，但见张爱玲泪流满面，只叫一声"兰成"便泣不成声，这是胡兰成和张爱玲见的最后一面。

几个月后，张爱玲给胡兰成来信，宣布两个人结束了这段关系："我已经不喜欢你了。你是早已不喜欢我了的。这次的决心,我是经过一年半的时间考虑的,彼时惟以小吉故,不欲增加你的困难。你不要来寻我,即或写信来,我亦是不看的了。"信里说的"小吉",是小劫的隐语。张爱玲是等胡兰成灾星退了,才来决绝。信里她还附了三十万元的汇款单给胡兰成,是她新写的剧本,一部《不了情》,一部《太太万岁》得来的稿费。

胡兰成写道:"爱玲是我的不是我的,也都一样,有她在世上就好。"

4

胡兰成和张爱玲的这段爱情,后人也都在评论到底值不值得。这段感情在张爱玲人生当中只是短短的几年,但对她的人生影响无疑是巨大的。我觉得,张爱玲从这段爱情中得到的东西会比她失去的更多。

俗话说,好男人让女人成长,而坏男人让女人成熟。

这段爱情是让张爱玲成熟了,特别是对政治的敏感性提高了很多。这段发生在国土沦陷时期的感情,因胡兰成的政治身份,张爱玲的面目从此便蒙上了一层阴影。抗战胜利后,在报纸上经常有文章对此抨击,但张爱玲当初选择胡兰成就没从政治上考虑过，最后与胡兰成分手也是因为他移情别恋，并不是因为他的身份。

但不断涌现的抨击，还是让张爱玲感受到了政治上的压力。特别是上海解放之后，张爱玲突然觉得和当下热闹的场合格格不入，对于正在来临的巨变，张爱玲又犹豫又恐惧。而当时中共在华东的文化领导夏衍对她颇为欣赏，有意安排她进"单位"。但抗战胜利初期，那种对她的抨击仍让她心有余悸。她决定离开这个是非之地。

1952年，张爱玲以回香港大学复学为理由申请去香港，获得批准后，就立即去了香港。后来又去了美国。张爱玲离开中国，而且离开得非常彻底，再也没回来。而留在大陆的那些沦陷区文人，历史并不遥远，其结局我们都可以看到。当初想让她留下的夏衍，被批斗，终止创作；欣赏她的傅雷，自杀身亡；苏青后来结局悲惨，不能再创作。

作家柯灵说："以她的出身、所受的教育和她的经历，她离开祖国是必然的，不可勉强的……试想，如果她不离开，在后来的'文化大革命'中，一百个张爱玲也被压碎了。"

这是她和胡兰成短暂恋爱的一种回馈，让她认清了政治，这个从不关心政治的奇女子终于知道了政治的厉害。在纷纷扰扰中，离开了是非之地，在美国获得了一种宁静的生活。如果留在大陆，正如柯灵所说：一百个张爱玲也被压碎了。

5

张爱玲是奇女子，就算拿到现在来看，她依然有很多值得女性学习的地方。

她经济上的独立。就算在和胡兰成恋爱时，她也是这样。她和姑姑一起住，但平时两人经济彼此分明。张爱玲在钱财上都是人钱两清，人不欠我，我不欠人，清楚豁亮，干干净净的清爽。她在经济上从没依附过胡兰成，而在胡兰成逃难期间，一直是她资助他的。

她精神上的独立。虽然和胡兰成恋爱，她对胡兰成有所依赖，但绝对不会刻意迎合。胡兰成写道："她对我这样百依百顺，亦不因我的缘故改变她的主意。我时常发过一阵议论，随又想想不对，与她说，照你自己的样子就好，请不要受我的影响。她笑道，你放心，我不依的还是不依，虽然不依，但我还是爱听。"

她为爱付出不会计较。她为胡兰成付出有多少呢？逃难期间资助了两年，最后还给了一笔三十万的费用，加上平时胡兰成来上海吃住都在她那儿，还有胡兰成《今生今世》的书名也是她给起的，胡兰成文学上很多造诣也是她点拨的。从感情角度来说，她是付出更多的那一方。分手后，她从来没有说要把这些钱追回来,因为这是她在爱的时候心甘情愿付出的。

她从不诋毁爱过的人。因为和胡兰成的这段关系,很多报纸总是拿这做文章,张爱玲在香港期间,有好事的报纸看到胡兰成的书出来了,让张爱玲发表看法,想让她出来批判几句,但张爱玲坚决一个字都不写,一句话都不说。胡兰成逃到日本后,一次张爱玲为了找两本书,写信问胡兰成是否有。胡兰成回信说,没有,并想和张爱玲重修旧好。张爱玲很客气地回信说:"我因为实在无法找到你的旧著作做参考,所以冒失地向你借,如果使你误会,我是真的觉得抱歉。《今生今世》下卷出版的时候,你若是不感到不快,请寄一本给我。我在这里预先道谢,不另写信了。"从此以后,再也没联系过。

爱就爱了。最为关键的不是所谓的"岁月静好",而是"负重前行",就算爱错了又怎样?能够过精彩人生的人,照样还是精彩人生。张爱玲的作品和人格魅力,并不会因为这一段所谓的爱情就有任何的改变。

用对与错来判定男女关系,用无比正义的言论来界定男欢女爱都是没用的。重要的是,你在一段关系中,是否真的用心投入过,是否让个人成长或者成熟。感情问题真的纷繁复杂,没有标准答案,但人生却可以一直追求。

要成为一个独立的人,那样就不会因为一段感情的失利就错失了自己的人生。张爱玲在这方面无疑是女性的榜样。

《小王子》：爱就是建立某种联系

1

已记不清这是我第几次读《小王子》，每次看都为这段对话而感动。

小王子第一次见狐狸，想请狐狸和他一起玩，可是狐狸不想和小王子一起玩，他说："我不能和你一起玩，因为我还没有被驯服。"

"什么是驯服呢？"小王子问道。

"驯服就是建立某种联系。"小狐狸认真地解释道，"对我来说，你和其他小男孩一样没什么区别，而在你眼里，我也只不过是一只狐狸罢了，我不需要你，你也不需要我，但是，如果我们之间建立起某种联系，我们之间就有了爱，就离不开彼此了。对我来说，你就是独一无二的，对你来说，我也是世界上独一无二的。"

狐狸开始给小王子描述它的新人生："如果你驯服了我，

我就会变得很快乐，我能辨认出每个人的脚步，别人的脚步声会让我匆匆躲到地下，而你的脚步声，却像音乐一样，把我从洞里唤出来，同样是金黄色的麦穗，就能让我联想到你，我甚至会爱上吹过麦田的风声。"

爱，就是建立某种联系，说得真好。一旦建立了这种联系，一切都会变得美妙。就像暗恋中，你会在意他今天和哪个女孩子说话了，在意他今天穿了什么衣服；就像热恋时，你会在电话的这端，边发信息边想象他微笑的样子，你保存着他发给你的每条信息；就像漫长的岁月里，你会想到他就不孤单，你习惯有他陪伴的日子，在每个转弯处。

2

著名的心理学家弗洛姆在他的作品《爱的艺术》中有这么一句名言："不成熟的爱是因为我需要你，所以我爱你。而成熟的爱是因为我爱你，所以我需要你。"

陈彤在《陈彤对你说》一书中说道："很多男人不愿意太快把自己的一辈子交到一个女人手上，但他们又对女人有要求，我说的是生理上的要求。所以就容易发生那种事，当他们有要求的时候，他们就会长途跋涉坐十几个小时的车去找你，这个过程很像'爱'，但其实是'欲望'。"

以前在情感杂志做事的时候，曾经接到过这样的电话，女的抱怨说，男人对自己总是忽冷忽热，某段时间好得不得了，而一旦需求满足后就冷淡了下来，从不给自己承诺，但又经常过来找自己。有的时候让人很感动，但有的时候感觉是陌生人。

因为这是不成熟的爱。因为他需要你时，才爱你。不需要你时，你就成了可有可无的了。说直白点就是因为欲望。

是爱还是欲望驱动？时间可以给你答案，维系一段关系需要花大量的时间，如果他真的爱你，无论多忙碌也不会忽略你，如果他只是需要你，他只会在他有需求的时候找你。

我爱你，所以我需要你。真正的爱是花大量时间去付出，因为他爱你，所以需要你和他一起去完成这场爱。

3

一次，专栏作家五岳散人惹了一大堆批评，他说，作为像他这样有点阅历，有点经济基础的老男人，要泡个普通漂亮妞很容易。只要是想，就一定能泡上。但是呢，他这样的男人，只喜欢那种聪明、不作、独立的女人。一个仅仅只是身材好的漂亮女孩子在他眼中，只是一个昂贵的装饰品。

他这话自然引起了无数女人的反感，惹来无数的怒骂。但他只是说了句大实话。当然对于他们这些拥有社会资源的人来说，花点时间和心思去追一个涉世未深的女孩子，是相对容易的事情。但他们不是爱，或者说他们已经没有了爱，只有欲望或者交易。

我觉得爱是会心疼的。就算真不能在一起，也不会伤害你，就算真的只进入你的身体，也会只对你说：他不能作出承诺，别给自己太多希望。偶遇一位美女，那种偶尔泛起的爱慕，应该是这样："凌波不过横塘路，但目送、芳尘去。锦瑟华年谁与度？月桥花院，琐窗朱户，只有春知处。"在贺铸那个年代这样就很美好了，邂逅时激起一些淡淡的心事，想象着这青春少女会与谁度过，而自己只有漫长闲愁。如果你真的尾随这女子，要到电话、微信，然后邀约一起吃饭，然后发展一段故事，这就是一种俗套的情感了。

有些人无论她经历了多少，你觉得她还是那个你热爱的少女，有些人虽然什么都没经历，你却觉得她已经枯萎。有些人天生就以一种纯情的样子出现在这个世界，点缀这个世界的美好。

面对你,
我不嫉妒。

来吧,就算背后
跟着一个男人,
来吧,就算有百个男人在你发间,
来吧,就算有千个男人在你胸脯和双足之间,
来吧,像一条塞满
溺水男子的河流,
迎向汹涌的大海,
永恒的泡沫,时间。

将他们全数带到
我等候你的地方:
我们将永远两人独处,
我们将永远是你和我,
就我们俩,在大地上
开始生活。

——《永远》聂鲁达著 陈黎、张芬龄译

世界很喧嚣，还好我有时间去阅读

1

读书的目的是什么？认识世界，更是认识自己。读得越多，越觉得这个世界深不可测，越来越宽容这世界的很多事，越觉得人本身不可言喻，而时间是完全看不见也摸不着的。

我喜欢苇岸这段话："每天，无论我遇见了谁，我都把他看做刚刚来到这个世界的人。我曾经想，在我之前，这个世界生活过无数的人，在我之后，这个世界还将有无数的人生活；那么在人类的绵延中，我为什么就与我同时代的这些人相遇，并生活在一起了呢？我不用偶然来看这个问题，我把它视为一种亲缘。"

我喜欢这些充满善意的文字。我不知道别人读书是为了什么，但我知道，我读，是为了让自己的心柔软、充实，就算在嘈杂的人群中行走，也会有熟悉的诗句飘过，就算一个人在一座荒岛，也能有无数的情节和句子供消遣分享。

我喜欢史铁生,那种苦难后的微笑,逆境中的坚持,和对世界的宽容。我发现越是历经苦难的人,写出来的文章越是沉静、宽容,充满着对人类的爱。

读书应该让人越来越宽容。

2

阅读没贵贱之分。不是说,你读言情读科幻读侦探就没品位,你读哲学读历史读社科就高人一等。读本身就是一种值得鼓励的行为。

我几乎什么书都会读,有段时间,我读亦舒,然后就一次购买了七八本,读这类书很快;有段时间,我迷恋李碧华,就买了她的全集;有段时间,我迷恋侦探小说,就买了十多本东野圭吾的书,顺便把柯南·道尔、G.K.切斯特顿、雷蒙德·钱德勒、阿加莎的作品也买了。

还有很火的《余罪》,这套书五本我都读完了,我还读情感解答的书,因为工作关系和个人喜欢,还迷恋了一段时间。譬如《我爱问连岳》《毒辣端庄》,沈宏非的《痴男怨女问沈爷》,还有鱼顺顺的博客,等等。

我觉得看这些情感八卦很有意思,更能了解人性。武侠就更不用说了,我也是通读过金庸、古龙的人。

我去年还重读了一遍金庸、古龙,顺便把没读过的梁羽生读了几本。当然书都是去图书馆借的。我读出这样的味道来:金庸、古龙、梁羽生这三大武侠大师对朝廷的态度,很有意思。金庸武侠里面的主人公是侠之大者,郭靖、杨过甚至韦小宝都是维护朝廷的,为国(当时的朝廷)出力。古龙武侠里往往是没有朝廷的,江湖就是江湖,朝廷也只是只言片语如影子般的存在。而梁羽生笔下的江湖人士是对抗朝廷最厉害的,他写的武侠小说里所有侠客都是和朝廷对抗的,在他的书里皇帝都是轻易被侠客俘获或胁迫的人物,譬如《广陵剑》里陈石星剑指宪宗逼迫他答应自己的条件,《七剑下天山》里康熙被写得那么卑劣猥琐,《云海玉弓缘》里唐晓澜直捣皇宫抓住皇子,等等。想想梁羽生的经历,当年他从广西蒙山逃到香港,再去看他的著作或许别有一番滋味吧。

在阅读上,我就是个杂食动物。

3

阅读只是爱好,和其他爱好没区别。

有一次采访马伯庸,他说他坚持每天写四千字,然后有同去的记者连连表示佩服,但他说,"其实这和爱好打羽毛球没啥区别,就是,一个爱好而已。"

我很怕有人有读书就觉得自己高人一等或者觉得不读书就不对的观念。就像我每次去球馆，双打时，如果搭档总是埋怨我打不好，我就觉得他人品有问题，大家都是运动而已，又不是专业的，何必那么斤斤计较，下次你不和我搭档就是。读书也是如此。你读再多，也是九牛一毛而已，你真能把这世界的书读尽吗？何况，许多不读书或者读书不多的人，思考也很不错。

看韦力的《得书记》《失书记》时，我觉得自己就是文盲，他里面提到的书我一本都没看过，他提到的那些珍藏版本，那些古籍，对我来说就是天书。我偶尔出去参加一次文化人的饭局，遇上几位读书朋友，我就主动沉默。他们阅读的范围和内容，离我太远了，我这个整天读流行读物，为装高深才读历史的人，比他们差太远了。读《与古为徒和娟娟发屋》就让我很有挫败感，我对古代书画，可以说是一窍不通，而这些又是国学精华，这本书是介绍古代书画内容的，我看着看着就觉得自己好像连小学生都不如。

罢了，我只是爱好读书，不是专业读书人，不用去挑那些深奥的书去读了。我不想做学问，也不会成学者，所以我就把读书当作打羽毛球的爱好一样。

4

不知道什么原因,我突然迷恋起了读诗。以前偶尔会读一首,但不知道讲什么,也没什么兴趣。某一天我觉得,我很想去读诗,然后顺便把家里有的几本诗集拿出来读,越读越觉得有意思,接着就让一位家里藏着上千本诗集,还经常写诗但从不发表的朋友,给我推荐几本他觉得不错的诗集。他推荐,我马上就去购买。觉得还不够,又根据里面的一些指引购买了一些。

2017年8月买了三十多本书全是诗集。没别的原因,我喜欢看了。就像当年我买东野圭吾一次买十多本一样。读着读着,就觉得时间真无情。远方没有诗,时间里才有。"妈妈 / 河流多少岁了 / 总是与年轻的春天同岁"。(谷川俊太郎《河流》)

> 逝去的日子留在我们背后,
> 像一排被掐灭的无光的蜡烛;
> 最靠近的仍在冒着烟,
> 冰冷、融化、弯下来。
> …………
> 我不想转过去,因为害怕见到,

那道暗线如何迅速拉长,
被掐灭的蜡烛如何迅速增多。

——《蜡烛》卡瓦菲斯著　黄灿然译

第五辑

时间流逝,你的少年心还在吗?

>>>

经历再多的狂欢,我们终究要面对自己。心,才是我们最不可逃避的场所。

时间流逝，你的少年心还在吗？

1

经历再多的狂欢，我们终究要面对自己。心，才是我们最不可逃避的场所。

我喜欢朴树，1998年他出道两年，我在上高中时就开始听他的歌了。从《我去2000年》到《生如夏花》，再到2014年的《平凡之路》，整个少年时期，听得最多的就是他的歌。"她们都老了吧 / 她们在哪里呀 / 幸运的是我 / 曾陪她们开放……我们就这样 / 各自奔天涯。"

那些一起听歌的少年，都飘落在天涯了。那时候我们多期待2000年的到来，好像那就是一个全新的世界。"你追我赶到2000年 / 大家再来干一杯 / 为这个晕了的年代。"

我刚好在2000年上大学，为了迎接千禧年的到来，我和几位同学一起走了长长的路，有多长呢？一夜通宵，完全靠步行，横跨长江大桥和两个区。最后实在熬不住,在广场的椅子上靠着睡了一个小时,清晨醒来,发现环卫工人正在旁边清扫狂欢一夜之后留下的垃圾。那是我们少年时期难得疯狂的一次。

我曾经跨过山和大海 / 也穿过人山人海 / 我曾经拥有着一切 / 转眼都飘散如烟 / 我曾经失落失望失掉所有方向 / 直到看见平凡才是唯一的答案。

2014 年 7 月,大学毕业十周年聚会,刚好回到武汉,在和同学见面之前,我进电影院看韩寒导演的那部《后会无期》,完全就是为了去听朴树这首歌。我们喜欢他,是因为他的少年心。

当一个人达到一定高度之后,还能保持那份少年心太难得了。不管他现实生活如何,至少我所看到的,是那一颗永不变的少年心。

茨威格在《昨日的世界》里写自己青春时期那些朋友:"每一个年轻人在他的青春期总有一种诗兴或者有一股想写诗的冲动,虽然在大多数情况下只不过是心灵中泛起的细微涟漪。青年人能把自己当时的这种爱好保持到青年时代以后,极为少见,因为这种爱好本身也只不过是青春焕发的表现而已……我是所有那些人中间唯一在自己身上一直保持创作热情的人，并使这种热情成为我一生的意义之所在与核心。"

我们曾一起为了喜欢的歌手或文字疯狂，但有些人保持了热情，有些人已经把它遗留在了记忆深处。时间流逝，你的少年心还在吗？

2

人的机遇真奇妙。

2007年，我刚入职某杂志社，就接到新闻线索，有这么一个放弃保研，申请国际游学项目，和全球十几个国家的年轻人一起环球旅行的南京女孩，来电问是否值得采访。我向领导汇报，领导觉得不错，然后我就买机票过去了。来回两张机票，住一晚。完全就是为了一个二十来岁的女孩子，现在想来都觉得不可思议。那是我第一次正式采访，她也是第一次接受采访。两个菜鸟，都不知道从哪里开始聊起，于是就看她从全球各地带回来的地图、拼图和相片。

随后九年也一直有联系，2016年11月8日，记者节，她刚好从南京来到广州，就一起吃饭了。虽然我们都经历了很多，工作，个人生活，也变换了城市，但都还觉得对方是那个最初相见时的样子。

吃完饭我开车送她回去的时候，她说，我们之所以能够这么聊得来，可能是都还有一颗少年心吧，所以无论经历了多少都还感觉亲切。

我多喜欢你那漫长的青春，那种什么时候相见初心还在的自在。知道你不会改变，知道你永如少年。多少人已经躺在舒适的沙发上安逸地过着一生，多少人还在倾听内心的召唤。

3

有的人二十来岁就已经不再歌唱，有的人年近六旬还怀揣梦想。加拿大行吟诗人、歌手莱昂纳德·科恩，他的传记《我是你的男人：莱昂纳德·科恩传记》其中有一段是这样的："他低吟浅唱着，像是在向每一位观众单独吐露秘密，他唱得如此深情，仿佛被他带上舞台的只有这些歌曲。他告诉台下的观众：'我上次在这里，是十四或十五年前，当时我年近六旬，还是个怀揣疯狂梦想的孩子。'"

六十岁了，还是怀揣梦想的孩子。

摄影师严明在他的书《大国志》里写道："我非江郎，已怕才尽。不愿变成一个有很多钱而时间却捉襟见肘的人，不愿变成不把穷困百姓当作同类的人，那才是心被蒙蔽了。有人曾问我将来的愿望，我说我想永远能像一个真诚的歌手那样一直'歌唱',而不是'唱歌'。如果,不能再过'有忧有虑'的日子,我还能歌唱吗?我还会颤抖着拍照吗?不会了,那样的话一切都会终结。盲信星座的我总在新月到来时许下愿望:我希望自己一直保持一颗敏感、好奇的心。希望它不会因为时间和处境的改变而变得枯萎。"

他出第一本书《我爱这哭不出来的浪漫》时,我刚好见过他。虽然那也是好书,却没怎么打动我。但看了他这本《大国志》之后,我彻底喜欢上他了。只因为他那颗少年心。

无论时间流逝多少,希望你的少年心还在,就像我在一位朋友的朋友圈里评论的:"你依然是如此清澈,时光在你身上停住,爱恨都还简单。"就像台湾诗人杨牧所写的"老去的日子里我还为你宁馨/弹琴,送你航向拜占庭"。这是有关时光的命题。

> 灯下细看我一头白发:
> 去年风雪是不是特别大?
> 半夜也曾独坐飘摇的天地
> 我说,抚着胸口想你
>
> 可能是为天上的星星忧虑
> 有些开春将要从摩羯宫除名
> 但每次对镜我都认得她们

许久以来归宿在我两鬓

或许长久关切那棵月桂
受伤还开花？你那样问
秋天以前我从不去想它
吴刚累死了就轮到我伐

看早晨的露在葵叶上滚动
设法于脉络间维持平衡
珠玉将装饰后脑如哲学与诗
而且比露更美，更在乎

北半球的鳞状云点点反射
在鲭鱼游泳的海面，默默
我在探索一条航线，倾全力
将岁月显示在傲岸的额

老去的日子里我还为你宁馨
弹琴，送你航向拜占庭
在将尽未尽的地方中断，静
这里是一切的峰顶

——《时光命题》 杨牧著

隐藏在时间里,像一片树叶隐藏在森林

1

为了找这一段话,我重新翻了《平凡的世界》,其实是很简单的几句话:"……城市是一个各色人等混杂的天地;而每一个层次的人又有自己的天地。最大的好处是,大街上谁也不认识谁,谁也不关心谁。他衣衫行装虽然破烂不堪,但只要不露羞丑,照样可以在这个世界里自由行走,别人连笑话你的兴趣都没有。"

十六岁那年,我被这段话打动了,虽然记得大概的意思,但为了找出完整的句子,我还是把去年重新买的那套《平凡的世界》翻了一遍。这段话曾那么深地影响着我。因为年少的我也像孙少平那样,渴望到一个陌生的世界,到一个谁也不认识我的城市,自由自在地生活。用现在流行的说法是,除了眼前的苟且,还有诗和远方。对于从没离开过县城的我来说,城市就是不可触摸的远方。

转眼来大城市生活十多年了,我才知道远方没有诗,时间里才有。许多年过后,伫立在熟悉的村头,谁不会产生点诗意?

2

我隐藏在时间里,像一片树叶隐藏在森林。因为读诗,我越来越忘记自己的年龄,诗意在,年轻就在。我很少问城市人的年龄,因为我觉得年龄在城市里并不重要,重要的是,在这里你可能随时有重新出发的勇气,你随时都可以有一颗少年的心,而少年亦可能比你老成。

而在农村,你的一切,明明白白,清清楚楚摆在他人的面前。就像刘亮程在《冯四》里写的那样:"当你十五岁或二十岁的时候,那些三十岁、五十岁、七十岁的人便展示了你的全部未来。而当你八十岁时,那些四十岁、二十岁、十岁的人们又演绎着你的全部过去。你不可能活出另一种样子——比他们更好或更差劲。"时间在那里所起的作用,不过是土地又被耕作了几季,没有名字的人像草一样,一个季节一个季节地荒凉下去。

我们都不想这样荒芜,不想让你的一生可以从头看到尾。

虽然我们不知道未来是什么，可能未来什么也没有。在时间里有什么未来呢，那是一条永远看不到尽头的河流。

但我们还是逃啊逃，都逃往我们认为可以隐藏着生活的城市。近年来关于是否逃离北上广的问题被讨论得热火朝天，我在朋友圈里说了这么一句：大城市最大的好处是，这是一个陌生人的世界。就像孙少平强烈要求离开双水村，并不是农村就真都没有活路，而是在那一个人人相互熟知的世界，你没有属于自己的自由。大城市不仅意味着你有更多就业机会，更意味着你有更多个人的空间。我们来到这座城市谋生，各有各的理由。每个人都可以在这儿找到属于自己的生活方式，可以怪异，可以出格，也可以任性，只要你不触犯法律，也不影响他人，街上卖唱、天桥下乞讨、收送快递、超市卖货、公司上班等都可选择，我们来自五湖四海，我们的身影淹没在城市的繁华里，我们不凭关系，不看脸色，各自谋生。可能没有熟人社会的那种安逸，但你会多了一份自由。

3

这一带，房子、咖啡店、街区 / 我多年来不断看到和走过的 / 当我为众多事情、众多细节 / 而快乐或忧伤时我创造你们 / 对我来说 / 你们已全部变成感觉。
——《在同一个空间》卡瓦菲斯著 黄灿然译

我在这城市生活快七年了,如果你在村里生活了七年,你会熟悉村里的一草一木,哪一块地是谁的,谁家养了几头牛,你也会熟悉每一个村民。但在城市里,我不认识谁。看得最多的就是门面店开了又关,关了又开,一条街上唯一没有换过的就是那家药店。刚熟悉了的店员,下次过去,可能就离开了,杳无音信。有一次,去到持续光顾三年的理发店,门面店突然关了,怅然若失,这三年里几乎每个月理发一次,固定在这家。店里两个河南人,人好、热情、能聊,来理发的大都是熟客。如果等候的人太多,我就等下次,总之理发就这家了。突然就关门离开,那两个人,我也再没遇上。

这有什么关系呢,我们相互间谁都见不着谁的一生。就像大海里冒出头的礁石,谁知道海底里隐藏了什么。这城市里,我们都很好地隐藏着生活。当然,在这里你也可以找到更多兴趣相同者。

有那么一段时间,我迷恋羽毛球,发现这城市原来有这么多羽毛球爱好者,只要你加入群,随时可以找到伴去打球,我们不知道彼此的工作,也不用知道彼此的姓名,但依然一起在球场上挥汗如雨,依旧可以一起喝酒吃饭,不亦乐乎。到现在他们绝大部分也都只知道我的网名。

在多年前，我采访过一个做策划的年轻人，他在豆瓣里发帖子，让年轻人约好在某地相遇，这样一个简单的相遇贴，竟然有几千个回复，而后来他策划了同区相遇、地铁相遇等。每天我们游走城市，多少人与我们擦肩而过，就算我们生活在同一个城市，同一个区，甚至在同一栋楼里，但我们要多久才能遇到对方？陌生的我们渴望相遇，相遇可能意味着一段友谊、一段恋情、一段故事，或许什么都没有，但相遇本身就是美好，就像少年时期，你渴望去认识一个新朋友，去了解他的过去一样。因为我们彼此不知道各自的过去，所以更有兴趣去了解对方的喜好。

我喜欢一本书，名字叫《匿名者》，就凭这名字，我也会买这本书，我们都是城市的匿名者。驱车，去一个陌生的地方，你自己。乘坐一辆公交到终点，你自己。走进街头一家小馆，你自己。我不认识谁，谁也不认识我。我们相遇了吗？可能遇上了，像一片树叶挨着一片树叶。在电梯关闭的瞬间，在擦肩而过的斑马线，在微信里，在朋友圈。

"他们寄存的箱子并排在一起 / 有一个晚上，也许，他们做着相同的梦 / 到了早上，却不再清晰。"（《一见钟情》 辛波斯卡著　胡桑译）对啊，我们可能就这样相遇过，在千万人之中，行李挨着行李，在地铁里背贴着背。

这座两百多人的乡村，时间只是经过

1

我回到了村里。这个我生活了二十年的地方。除了盖了几栋新楼，没什么变化。山还是那些山，河流依然千年流淌。

邻居和我打招呼，说很少见我，但好像变化还不大。他们叫我火养。对啊，这就是我笔名的由来。爸和几个老人打牌去了，这估计是每天必做的功课。有些稍微大些的孩子已经看着有些陌生。

我的小学同学邓更平还在。他不知道什么时候就疯了，每天吃完饭就是在村里到处跑，也不说话，也不打人，吃着乡镇的低保，能够生活，房子也是乡镇重新盖过的。他是我们村比村长都出名的人物。

我家门口的池塘干枯了，很久没养鱼了，以前养着鱼，有亲戚朋友来了，捞条鱼出来，就可以招呼一顿。那时候，没有人来村里卖猪肉，得去几十公里外的镇上才有。

不知道我们村有谁的孩子在县城上高中，反正我高中毕业以来，村里上过高中的人屈指可数。我以前回去还会抱怨一下，村里读书人太少了，很多初中毕业就出来打工，甚至初中都不上完。为什么要那么早结婚，为什么要那样一辈子等等。现在我已经很能接受了，每个人都有自己的命运，都有自己的生活方式。我根本无权干涉，甚至连说的权利都没有。农村有农村的规则，以前觉得不是一路的，现在觉得是。

我们本来都是一路，生活在时间里。我觉得悲天悯人，也解决不了什么问题。从制度，从环境，从文化去解读，农村世代如此，苍茫无力。

2

不是所有的树都能终老在故乡，我就是那一棵逃跑的树。

现在每次我妈打电话，最后她总是会说下村里的情况，某某死了，某某病重了，某某家出什么事了。这些自己曾经熟悉的人，就埋在了山头，我回到村里是再也见不着了。但我也不会怀念，因为那是一种很自然的规律。

死亡就是那么普通的事情。有些人甚至死亡之前，就把自己的墓穴选好了。在山上找块地，自己圈好就是。反正山多地广,没人跟你争。

农民最大的愿望就是他的后代成为非农民,至少贫困地区的农民是这样想的。

那是一个无可奈何的事情,谁又能选择自己的出身呢。有时,我还想如果我少年时期就可以接触莱蒙托夫,接触《红楼梦》,而不是《故事会》,可以接触莫扎特,而不是《纤夫的爱》,我的人生会不会丰富一些。以至于我现在偶尔去音乐厅,完全就是俗人装高雅。只能看台上的人演奏是否投入,至于里面的门道,我真不知道。

现在我也坦然接受了,那种贫瘠未尝不是一种收获。

3

最近,重读了刘亮程《一个人的村庄》,我大学毕业论文是写他的,当时没有读出里面的时间感来。现在读来,原来他是对时间如此敏感的诗人。

"其实人的一生也像一株庄稼,熟透了也就死了。一代又一代人熟透在时间里,浩浩荡荡,无边无际。谁是最后的收获者呢?谁目睹了生命的大荒芜——这个孤独的收获者,在时间深处的无边金黄中,农夫一样,挥舞着镰刀。……在世上走了一圈啥也没干成的冯四,并没受到责怪,作为一个生

命,他完成了一生。与一生这个漫长宏大的工程相比,任何事业都显得渺小而无意义。"(《冯四》)

"许多年之后你再看,骑快马飞奔的人和坐在牛背上慢悠悠赶路的人,一样老态龙钟回到村庄里,他们衰老的速度是一样的。时间才不管谁跑得多快多慢呢。"

其实在村里生活一辈子也没什么不好的,譬如父亲、大伯,他们有自己的圈子和娱乐方式,也有自己小小的快乐。不需要了解外面发生了什么,但他们知道每天太阳会从哪里升起,什么季节该种植什么样的蔬菜,甚至自己死后会埋葬在哪里,这些都清清楚楚。

我们甚至都不知道会死在哪个异乡。无论外面世界如何变化,对他们的影响其实很小很小。现在留守儿童也不多了。许多在外打工的人慢慢地回归自己的家乡。漂泊的那批人发现,原来村庄才是自己能够掌握的地方。对于他们来说,找几个人打牌,凑够一桌的人打牌、聊天,别走一个少一个,才是正经事。

4

有一次,我回去的时候,有老人还问我,朝鲜和中国会不会打起来,那时候刚局势紧张。我有些意外,没想到他们还会关注这些话题。他说,电视里经常说呢。我说,应该不会打吧。他们认为我见多识广,自然知道得多,哪知道我也只是这城市里一个小小的人物,隐藏着生活。

那一刻,我也明白了很多,原来很多时候,你去请教别人一些大方向问题的时候,其实他并不一定比你懂得多,你只是想去获得一种心理上的安慰,希望他的答案会和你预想的一样。

这是地图上不会有标注的地方,时间只是经过,让一茬一茬的人老去,死亡,而山头、河流、土地永远存在。每个人都有自己的命运,我们都是大时代里的小人物。我们能够改变什么呢?所以我还是欣赏我母亲,无论在什么环境下,安然生活,接受自己的命运。你有骂这个时代的一百个理由,但很多事情,你去抗争又有什么意义呢。

我真不知道它会变到哪里去。绵延的山头不可能推翻,而世代生活的人不可能搬走。偶尔"逃"出一个像我这样的人来,撼动不了那不变的规律。而我就如里尔克的诗歌说的那样"离弃村落的人们流浪很久了,许多人说不定死在半路上"。

这村落里有最后的房屋,
像世上最后的房屋一样寂寞。

大路摆脱了小村落，
慢慢向黑夜伸延过去。

小村落只是一条过道，
在两个远方之间，疑惧而烦恼，
不是一条小径而是大路经过房屋旁。

离弃村落的人们流浪很久了，
许多人说不定死在半路上。

——《定时祈祷文 34》 里尔克著　绿原译

我们相隔的不仅是时间，还有渐行渐远的价值观

1

有一次，我在朋友圈看到从小认识的一位朋友的言论，真把我恶心到了，我想在下面评论，又怕引起不必要的争论，就只能把那段话截图给价值观还相近的朋友看看，然后发了一通牢骚。最后实在没忍住，在朋友圈写了这么一段话："相隔的不仅是岁月，还有渐行渐远的价值观。从年少到现在还能保持'三观'一致太难太难了。相忘于江湖，才是最好的结局。"有人以为是同学聚会后的感言，其实不是，聚会一般只聊过去，只喝酒，只谈青春，而在朋友圈，在微信群，在QQ群，才能把这些基本的观点暴露出来。

没过几天，一位朋友就说，这段话，她借用了。随后，她和我说，她用了一个美国品牌的杯子，而被一位曾经要好的朋友用民族大义教育了一番，感觉非常难受，干脆直接把朋友的微信号都删除。而这两位朋友，在整个中学期间关系

都还不错,一起上厕所,一起学习,相互鼓励,这些曾经的温情都被这一番民族大义式的言论给毁掉了。

那一刻,巨大的悲哀笼罩了我,我们这地方有多少思维不正常的人类。

年岁渐长,已经没有说教别人的欲望,也不想被别人说教。我们从一个原点出发,已经走向不同的方向。那就彼此相忘于江湖吧。

2

这是个裂痕巨大的社会,不是多元,而是分裂。我们连基本的价值观都没有,怎么会有统一的共识?随着时间流逝,我们彼此之间真的相差太大了。如果你有一个三十多年还保持着"三观"一致的朋友,请你珍惜,这是上辈子修来的福分。更多的是,我们彼此已经不再了解,价值观也已经完全改变。

《新闻联播》是很多人的饭前甜点,而我一年也看不了一次。很多人,教科书上的内容就是他们的全部知识,而我就算最无聊的时候,也会保持着一个月两三本书的阅读量,多的时候一周可能三四本。我对权力和管教他人一点欲望都没有,而拥有权力是多少人的梦想。

方舟子和韩寒之争让多少好朋友分裂；争吵王宝强和马蓉之间谁是谁非，让多少夫妻离婚了；到底是支持日货还是抵制日货，让多少人智商暴露了——而我一直坚决抵制的是蠢货，从来不是外国货。任何一个话题都可以让你和许多人产生强烈的分歧。有些分歧可能谈谈就过了，而有些分歧，可能让你难以释怀。有些人，我们干脆就不交流吧。

我们有着不同的经历，对许多事件的看法自然完全不同，甚至对人本身的看法都不同。

我们在分裂，这种裂痕随着时间推移会越来越大。有一次，在同学群里，看到某个明显是谣言的言论，我实在忍不住，说了一堆个人的观点，发出去之后，虽然有人认同，但彻底把发言的同学得罪了，然后就渐渐陌生了。从那以后，每次遇上热点话题，我几乎都沉默。

越熟悉越如此，熟悉，并不代表了解，只是时间把你推到了前面。我们唯一的相似点可能就是对故乡美食的热爱。我们相隔的不仅是几十年的时间，还有渐行渐远的价值观。

3

所以感谢城市。这个包容的城市，让你总会寻找到和你价值观相似的人，相似的灵魂总会相遇，不至于让自己无话可说。我们不需要对不懂的人说太多，而懂你的人，自然你说一个词就会明白。

我们也总能找到和自己兴趣相同的人，可以找喜欢诗歌的人聊诗歌，找喜欢打球的人聊打球，和工作的人聊工作，和八卦的人聊八卦，和有着过去的人聊过去。

"积聚如山的人头走向远方 / 我在那里变小，他们再也不会注意我了 / 但在被深爱的书籍和儿童游戏里 / 我将升起来说太阳在照耀。（《积聚如山的人头走向远方》 曼德尔施塔姆著 黄灿然译）越来越觉得没有辩驳的必要了，越来越抗拒一些言论，越来越感受到在人群中独立有多好。

以前可能还会因为某个观点在熟人圈里说上那么几句，现在发现完全是多余的。因为一个人在成长过程中已经接受完了教育，而你现在所说的，只不过是你所受教育的一部分，他人并不一定需要你这些。

4

时间会决定让我们遇见谁，而你的心可以决定将谁留下。

十年不见，我们聊点什么？现在我们就聊聊曾经，聊聊彼此熟悉的人。

"忠实的老友，伸出你的手，让我们握手聚一堂，再来痛饮一杯欢乐酒，为了往昔的时光！"（《往昔时光》罗伯特·彭斯著　王佐良译）为往昔干杯，然后别谈未来。

　　愿你出走多年，归来还是少年。最近流行这么一句话。可这是多么艰难。少年时期的那种梦想、活力，尚未沾染世俗的清澈，那种蔑视日常的勇气，有多少人能够保持？

　　我宁愿相信，无论你表达什么样的价值观，都还是真诚善良。只是眼界会局限一个人，这个勉强不了。在旧时光里，会有你美好的一面。而未来，愿你安康、善良。其实价值观只是一种调剂，并不影响一个人的日常生活，就像没有阅读也可以活着，没有精神也可以在黑压压的人群中走过。在拥挤的地铁里和公交上，没有谁会在意你的思想。所以，十年不见，我还渴望遇见你。因为，即使价值观不同，但我们有着彼此的过去。

愿你每次，
都有时间，
好好告别

1

人生无外乎，相遇、告别、再见，或者永不再见。如果时间能够轮回，那我们最初遇见的人，都会在某一个点遇上，可惜不能。有些人，那一次相遇就是全部。所以，我们需要好好告别。

当年看李安的电影《少年派的奇幻漂流》，最让人难忘的是主人公在最后讲完故事后，流着泪说，人生就是不断地放下，但最遗憾的是我们来不及好好地告别。"理查德·帕克，这位我备受折磨时的伴侣，让我生存的令人畏惧的凶猛的东西，他一跃向前，就这样永远从我的生活里消失了。"小说的结尾写道。

大学毕业十年后，我在一座城市遇上一位大学同学，我问她：怎么在毕业集体照里没有你？她说：那时候赶着找工作，所以没有合影。没有和同学们好好告别，这成了她一直以来的遗憾。那次为了告别的聚会，大家都尽情释放。那个在门口搂着每个人哭泣的学生会主席，毕业那天大概会是他最珍贵的告别，那是青春成长的祭奠。我们还学着周星驰的语气调侃说，感情丰富是我们的一大缺点（电影《鹿鼎记》里的台词）。

我当时还想着能不能用宋词里关于离别的句子，来做晚会串词。"何处合成愁。离人心上秋。"（吴文英）"多情自古伤离别，更那堪冷落清秋节。"（柳永）"离愁渐远渐无穷，迢迢不断如春水。"（欧阳修）最后还是作罢，因为青春离别不需要这些，酒、痛哭、拥抱，已经足够。

2

"为什么我们花了那么多时间长大，却只是为了分离。"（聂鲁达《疑问集》）人生就是一次次的告别。

这些年东奔西走了好几个城市，每次知道自己要离开后，都努力做到认真告别。

2007年初，东北大雪，十年一遇，我赶着告别。在那儿工作一年后，我觉得自己不适合待在离家远的地方，决定回到南方。但那里有我美好的回忆，有我最"铁"的几个朋友，那是个还有人认为我是十六岁的地方。一次我们出去玩的时候,旁边的人问我,你有十六岁吗?那还是少年时光吗?

我们那时候有一个四人小团体,因为我的离开现在都散伙了吧,虽然还存在于微信群里,但已经十年没见面了。那一年,那些欢笑都只有我们知道。我乘坐了三十多小时的火车,就是为了过去和故友告别。吃饭,唱歌,合影,拥抱,一切流程走完,我就该走了。

我凌晨爬出围墙,趁着夜色离开,赶往机场,告别的仪式已经完成。

来到了深圳,一切都重新开始,好在有师傅带我,工作也很快上手。一年后,我前面的位置空了。我唯一的男同伴,也是我师傅,他要离开了。每次部门出去吃饭,我都和他走在一起,八个人,两个男的,他在时我还能有个伴说说话,他一离开我就连说话的伴都没了。我成了唯一的男生,就算再来男生,也不会对他有对师傅这样的情感了。当然也不会像师傅这样能时不时地给我们带来快乐。有他的时候,我们经常爆发出欢笑,现在这欢笑也都将离我们而去了。

我习惯了渐渐熟悉的人不断离开的日子,习惯了一个你感觉越来越重要的人某天突然不再出现在你生活中的日子,也习惯了莫名的忧伤。

决定辞职的那天,师傅和我在 QQ 上聊天的时候,说,突然自己就毕业快五年了，五年里很多同学都已经取得不错的成就，买房买车，工作稳定，至少在世俗的眼光看来已经算是成功的了。而他还得去一个新的地方开始自己新的人生。

青春就是这样的不可预料。在他十六岁考上北大的时候，县里还给了他奖励，还戴着红花在县城的街道上游行，好像前途是一片光明了。但九年后，并没有出现那时候想象的美好，而是重新开始。

那次告别之后，我就再也没见过他。去到他工作的城市，也没联系过，我知道再也回不去了。

好好告别，可能这次拥抱就是永远。就像很多年前，去西班牙旅游，带团的导游是女孩子，和我们一起玩了十天，关系变得很好了。最后一天道别，她和我们每个人拥抱，我说，你真漂亮。然后她哭泣，给我们每个人留了邮件地址。希望能够电邮联系。回来后，我把拍她的照片都发了过去，然后就没再联系。

3

作家水木丁有本书叫做《只愿你曾被这世界温柔相待》，里面写到，她父亲去世后，在殡仪馆的一些遭遇让她想起日本电影《入殓师》，在电影主人公的父亲的遗体告别会上，"莫名其妙地进来一个穿着制服的军乐队，上来就要演奏，哥哥想起，就突然问他们，你这个是另收费的吗？领头的那个女人含含糊糊地回答，诸如哪家遗体告别都不需要哀乐之类的话。哥哥又问，我们是要放磁带，你们是另收费吗？问了三四遍，才知道，另加两千块钱。哥哥强忍着怒气把他们轰走了，走的时候，那女的故意用谁都可以听到的声音说，付不起就付不起……"都是趁机赚一把家属的钱，都趁着家人哀伤时并想要再给死者花点钱的心思，去赚一把。

水木丁看电影的时候，"一边流泪一边想，如果我的父亲，要是也能让小林君来帮助，温柔地握着他的手，走完最后的路，那该多好"。能遇到小林君这样的人是多么幸运啊，它照亮了生者的回忆，的确是上天的礼物。

我们都将告别这世界，愿你被这世界温柔相待，愿你内心深处温柔还在，愿你还能为每次告别拥抱和忧伤，就像走在一条长长的路上，鲜花盛开。就像帕斯捷尔纳克写的一场雷雨，纪念一个夏季的告别。

夏季挥手与车站道别。
为了临别时分的留念，
雷霆在夜间摘下帽子，
拍下百幅炫目的照片。

一束丁香花黯然失色。
在这一时刻，雷霆
从田野中采来一抱闪电，
将管理局大楼照得通明。

幸灾乐祸的滔滔雨水，
在大楼的屋顶倾泻不停，
暴雨在篱笆上隆隆扑打，
犹如炭笔在画布上写生。

意识的深渊开始眨眼，
豁然顿悟，就连那些
明白如昼的理性角落，
也似乎照得粲然生辉。

——《瞬间永恒的雷雨》 帕斯捷尔纳克著　吴笛译

后记 × 睡在时间里的人

突然就喜欢上了诗歌,突然就觉得自己有无数的话语想表达,突然就想是该做点喜欢的事了。而所谓自己喜欢的事,就是写字。

从中文系毕业十多年,我庆幸自己未曾改变,还一直保持着阅读的习惯,虽然读书不多,但总算没有把这个习惯丢下。初心未曾改变,但又有谁能一起谈谈诗呢。喜欢上了诗歌,像是突然给自己开了一扇门,我知道自己已经迷恋上,那就读吧。在诗歌里我发现了时间的秘密。"今生一切都是时间的问题/一种时间因其旋律漫长阔大。"(《致未来的诗人》塞尔努达著 范晔译)

在这个情怀也总是被贩卖,任何话题最终都是奔着利益的时代,我只想每天给自己一两个小时的读诗时间,不关心热点,不关心尘世。"如果尘世将你遗忘,对沉静的大地说:我奔流。对迅疾的流水言:我在。"(《致奥尔弗斯的十四行诗》里尔克著）我羡慕诗人，他们用最精练的语言来描绘这个世界，他们看到这些匆忙人群背后的诗意，他们是旁观者，无数人在赶路，涌进地铁、公交、写字楼，而诗人站在一边，记录了时间和这个世界。

1980年诺贝尔文学奖得主米沃什说："我是一个理想国的居民，这个国度与其说存在于空间，不如说存在于时间里。"（《米沃什词典》 切斯瓦夫·米沃什著　西川　北塔译）他的著作里专门有一章节谈论时间："思考时间就是思考人生，而时间这个题目如此广阔，思考它意味着在普遍意义上进行思考。……那些区隔我们的因素——性别、种族、肤色、习俗、信仰、观念，相比我们是时间的产物这一事实，何其苍白。……蜉蝣只能活一天。难以捕捉的'现在'要么逃往过去，要么奔向未来。要么已成回忆，要么构成渴望。我们通过言语进行交流，而言语如同音乐，是时间的抑扬顿挫。难道绘画和建筑不是在把节奏转化为空间吗？我的头脑中满是对活人和死人的回忆。我在写他们的时候总是意识到，我自己也会随时走人。在20世纪人类的星空中，我们聚在一起，就像一团云，或是一团星云。我同时代的人们：尽管我们生于不同的国家和不同的地理环境。但由于同处一个时代，我们之间便有了血缘之亲。"

时间对我们任何一个人都是平等的。因为我们每个人最终都将死去。

  我的童年漫长，我的少年也漫长，我的青春还在继续，还在寻找属于自己的诗句。如果我没有逃离农村，那么我可能不会知道还有拉金、劳伦斯、卡瓦菲斯、辛波斯卡、聂鲁达的存在。这些诗人美丽的句子，让我重新发现了这个世界。他们告诉我日常生活里也有诗，在时间里，我们都是诗人。我们都在时间里流转，儿童的欢笑让我想起时间，老人的寂寥让我想起时间，高楼林立让我想起时间，寻常巷陌让我想起时间。

  我不想再让时间流逝，而毫无留存，也不想一天又一天，一年又一年，消耗时间后不留下任何句子或者体验。泰戈尔说："时间是改变的力量，但时钟模仿了时间却没任何改变。"（《飞鸟集》）我不想做一个没有任何改变的时钟。所以，我决定要用文字去记录时间，记录自己的过去、现在、未来，和这个我能触及的世界。可能是一首诗歌，也可能是一段感想，也可能是一篇回忆文章，也有可能就一句话。无论怎样，我走出了这一步，争取在时间河流里不沉沦。我可以把一切交给时间。

> 对时间来说，似乎它绝不会
> 吹嘘自己能与巍巍雪峰作对，
> 让雪峰匍匐在地如滚滚流水；

让雪峰趴下它也不欣喜若狂，
而只是若有所思，神情端庄。
这有何妨，即使陆地变成孤岛，
即使漩涡会冲刷沉没的暗礁
像弯弯皱纹围住微笑的嘴角；
即使在这样一场巨变的时候，
我也能像时间那样不喜不忧。

除我自己一直所拥有的之外，
我可以把所有一切交给时间。
但为何要说趁海关打盹儿时
我已带过了安检厅的违禁品？
因为我还保留着我不愿给的。

——《我可以把一切交给时间》 弗罗斯特著　曹明伦译